情长纸短 吻你万千

周恩来与邓颖超爱情故事

周恩来邓颖超纪念馆 编
沈清 主编

人民日报出版社·北京

图书在版编目（CIP）数据

情长纸短，吻你万千：周恩来与邓颖超爱情故事 / 周恩来邓颖超纪念馆编；沈清主编. -- 北京：人民日报出版社, 2025.8. -- ISBN 978-7-5115-8873-9

Ⅰ. K827=7

中国国家版本馆 CIP 数据核字第 2025Q6E424 号

书　　名	: 情长纸短，吻你万千：周恩来与邓颖超爱情故事

QINGCHANG ZHIDUAN, WENNI WANQIAN: ZHOUENLAI YU DENGYINGCHAO AIQING GUSHI

作　　者：周恩来邓颖超纪念馆 编　沈清 主编
责任编辑：张炜煜　霍佳仪　白新月　贾若莹
装帧设计：观止堂_未氓
出版发行：人民日报出版社
社　　址：北京金台西路 2 号
邮政编码：100733
发行热线：(010) 65369509　65369527　65369846　65363528
邮购热线：(010) 65369530　65363527
编辑热线：(010) 65369514
网　　址：www.peopledailypress.com
经　　销：新华书店
印　　刷：大厂回族自治县彩虹印刷有限公司
法律顾问：北京科宇律师事务所　010-83622312

开　　本：710mm×1000mm　1/16
字　　数：220 千字
印　　张：29.75
版次印次：2025 年 8 月第 1 版　2025 年 8 月第 1 次印刷
书　　号：ISBN 978-7-5115-8873-9
定　　价：88.00 元

如有印装质量问题，请与本社调换，电话：(010) 65369463

编委会

顾　　问｜**周秉德**
特邀主编｜**廖心文**
主　　任｜**张彩欣**
副 主 任｜**马秀华　刘文欣**
策　　划｜**王起宝**
图片编辑｜**李清平**
编　　委｜**刘文欣　吴　媚　张樱烁　李屿洪　李　勇**

送给新人的爱情经验

寸草春晖——母亲的影响和关怀……120

尊重——一张充满关爱的纸条……181

废旧立新——《婚姻法》诞生了……185

寄送水仙花——怀念在红岩的日子……189

永不褪色的爱情——"八互"精神……194

银婚——浪漫的结婚纪念……198

"不像情书的情书"——共享生活中的情趣……202

中山公园赏花——搬来"救兵"侄女……207

意外的惊喜——特别的情感慰藉……212

默契配合——协助做好大使夫人工作……218

"完璧归赵"——遵守保密纪律的模范……223

"贤内助"——主动承担教育晚辈的责任……227

远方的惦念——灯下作书聊以寄意……232

热情和理智相交——书信花叶寄想念……237

精心挑选的礼物——一块瑞士手表……243

祝福范长江、沈谱结婚的信……125

"乐天"家族——一张生动有趣的墙报……130

"我可想你得太"——分别的思念……133

新的跋涉——转战陕北的日子……139

梅园新村——为争取国内和平而战……144

"对月怀人"——1947年的中秋……148

解疑答惑——1947年岁末前后……152

重任——邀请宋庆龄北上……157

"这颇像你我的女儿"——关怀孙炳文烈士遗孤……163

登上天安门城楼——见证新中国诞生……168

君子协议——不在一个部门工作……173

西花厅——永久的家……177

004　情长纸短　吻你万千

目 录

海河之畔初相识——在五四运动中不期而遇……001

特殊的告白——一起上断头台……006

《错误的恋爱》——张嗣婧之死的触动……011

"我和恩来的红娘是君宇"——爱情的信使……015

文德楼的那间小屋——婚姻从这里开始……020

从简的"酒席"——焦黄的乳鸽见证幸福的新人……025

凶险的斗争——从未动摇革命的信念……029

"轻率的决定"——失去第一个孩子……033

痛失第二个孩子——永远失去做父母的权利……037

深夜告别——不知对方要去哪里……042

赴会中共六大——一次危险的旅程……046

在敌人压迫下不曾胆怯——处理顾顺章事件……051

到苏区——工作和生活的转变……056

雪山草地共患难——长征途中……060

北平西山疗养院的神秘来客——李知凡太太……065

"伟大的事业"——推动建立战时儿童保育会……069

烽火中的温情——关爱孩子剧团……073

第一封公开的家书——撤离武汉……078

续写家谱——祖籍绍兴之行……082

到苏联疗伤——一起飞往莫斯科……087

散落的影像——爱在孩子中……092

大有农场——在雾都重庆的落脚点……096

夫妻应该怎样相处——一次婚礼上的贺词……100

作好随时牺牲的准备——一个小瓷盒的故事……106

1942年的夏天——写满关爱的信件……110

百善孝为先——一张泛黄的老照片……115

以身作则正明德——周家的『十条家规』……360

做现代『王昭君』——鼓励侄女扎根边疆……364

谆谆教诲——要求侄儿响应国家号召……368

特殊的欢迎仪式——旁若无人的亲吻……373

艰苦朴素——缝缝补补又三年……378

珍贵的照片——最后一张正式合影……384

不知所由的『小风波』——夫妻间的小矛盾……388

与疾病作斗争——病床前的陪伴……392

『悼恩来战友』——最后的告别……396

爱的见证——共用一个骨灰盒……401

『骨灰不保留，撒掉』——魂归江河大地……405

一针一线总关情

把思念化为文字——天津73名工人送给邓颖超的丝绵袄……409

——支持编辑周恩来相关史料……414

『我肚子里还装着很多话没有说』——《一个严格遵守党的保密纪律的共产党员》……418

享誉世界——夫人外交的典范……422

架起友谊的金桥——岚山诗碑……426

圆梦巴黎——戈德弗鲁瓦街17号……431

忆往昔峥嵘岁月稠——重返津门……436

『三孔』焕新生——视察山东曲阜……441

晚霞满天——继承遗志……445

两份遗嘱——情归海河……449

附：《从西花厅海棠花忆起》……454

006　情长纸短　吻你万千

- 一份工作细则——坚持"保政治影响" …… 247
- 羊城之行——值得记忆的地方 …… 251
- 减压——想方设法让他休息 …… 257
- 文仗如武仗——危险的万隆之行 …… 261
- 夫妻相处之道——在感情与政治相互渗透中发展 …… 265
- "至于外貌不是主要的"——对侄女恋爱的三点建议 …… 269
- 牺牲团聚的机会——1960年的新年 …… 273
- 减轻国家负担——用自己的工资资助亲属 …… 277
- 无微不至暖人心——西花厅的"周恩来小道" …… 281
- "小超！小超！"——深情而急切的呼唤 …… 284
- 细微之处见温情——体贴病中的妻子 …… 289
- 严于律己——几张小小的收据 …… 293
- 公仆风范——一张珍贵的党费收据 …… 297

- 互不干扰——基层调研之行 …… 301
- 特殊的菜单——视察东北 …… 306
- "相爱始终"——对周保章的结婚祝福 …… 310
- "这顿饭是小超请的"——西花厅的"宴请" …… 314
- 出访前收到的祝福——诗笺寄深情 …… 318
- "无限深情在险中"——1964年端午节诗作 …… 322
- "咱们是一家人"——关爱北京"五孤儿" …… 326
- 一幅风景照——送给侄女的结婚礼物 …… 330
- 私人定制版的小炕桌——卧室里的"工作台" …… 335
- 总理办公室不成文的规定——对身边工作人员的严要求 …… 339
- 情满西花厅——温暖的大家庭 …… 344
- 规劝老伴——"大字报"上的补充意见 …… 350
- 殷殷叮嘱——满含深情的便条 …… 355

海河之畔初相识

在五四运动中不期而遇

他,满怀改造社会的愿望,投身五四运动。她,参与创建天津女界爱国同志会,宣传救国主张。在觉悟社,他们熟络起来,通过抓阄,确定代号为"伍豪""逸豪"。

1919年,巴黎和会上的外交失败导致五四运动爆发,全国各界进步青年积极投身到这场反帝反封建的爱国运动中,勇敢地担负起唤醒民众、启蒙民智的责任。

这年4月,周恩来从日本回国,满怀改造社会的愿望,投身五四运动。到天津后,他几乎"天天到南开去",参与领导学生运动,主持创办《天津学生联合会报》，几乎把全部心血都用到工作上。正在直隶第一女子师范学校读书的邓颖超也行动起来，她积极联络其他女校的骨干力量，参与创建天津女界爱国同志会。

海河之畔，两颗赤诚爱国的心在五四浪潮中不期而遇。随着运动的发展，周恩来参加的天津学生联合会与邓颖超参加的天津女界爱国同志会中的骨干分子认识到应该联合起来，打破男女之间的界限，建立一个比一般学生爱国团体更加紧密的组织。这个组织就是觉悟社。

1919年9月16日，觉悟社成立。在觉悟社，由于工作的原因，周恩来和邓颖超熟络起来。成立大会上，会员通过抓阄确定自己的代号。周恩来抓到五号，别名"伍豪"，邓颖超抓到一号，别名"逸豪"。

1919年10月10日，为声讨日本帝国主义的累累罪行，天津各界联合会在南开学校操场召开国民大会。在预定开会时间以前，警察们大批出动，手拿带刺刀的长枪，包围了会场。

邓颖超等觉悟社女社员带领女学生和童子军在队伍最前面。机智的邓颖超事先还和大家商量好，可以利用手中旗子的旗杆把警察的帽子掀到地上，趁着他们弯腰捡帽子的间隙，冲出包围圈。她们以

周恩来在日本的留影

在直隶第一女子师范学校读书时的邓颖超

1919年9月16日,周恩来等发起成立由天津学生联合会和女界爱国同志会骨干组成的进步青年团体——觉悟社。这是觉悟社部分社员的合影,前排右三为邓颖超,后排右一为周恩来

为警察不会直接和女学生、小孩子起冲突，事实却不是这样。

游行队伍中突然有人喊道："不好了，有人吐血了！"

原来，军警冲入队伍，挥动枪杆，不分男女，凶猛地殴打往外冲的学生，邓颖超与武装警察展开搏斗时，"被伤吐血"。她不顾自己的安危，仍然高呼："同学们！冲呀！"正在紧急关头，周恩来带着天津学生联合会宣传队，坐着大卡车来了，学生们里外夹攻，冲出武装警察的包围圈。

1920年1月29日，为抗议北洋政府逮捕爱国学生代表，以周恩来为总指挥，赴直隶省公署请愿的游行队伍，遭到血腥镇压。周恩来、郭隆真、于方舟等人被捕。面对被捕的战友，觉悟社成员开会，大家集思广益，邓颖超提出"愿意代替被拘留的二十四位代表坐牢！"

经过被捕代表在狱中坚持不懈地斗争和全国人民的声援，1920年7月17日，周恩来等全体被拘代表获释。之后，周恩来认识到，只有把五四运动以后在全国各地产生的大小进步团体联合起来，才能改造旧的中国，挽救中国的危亡。这年8月16日，觉悟社、少年中国学会等团体在北京陶然亭集会。

会上，邓颖超报告了觉悟社一年以来的活动情况，周恩来发表演说，提出联合起来，挽救中国、改造社会。

陶然亭会议后，觉悟社的成员们各自以不同的方式继续探索改造中国的真理。周恩来于同年11月7日赴法勤工俭学。邓颖超在毕业后，走上教师岗位。

邓颖超多年后回忆："（我和周恩来）彼此都有印象，是很淡淡的。在运动中，我们这批比较进步的学生组织了'觉悟社'。这时候，我们接触得比较多一点。但是，我们那时都要做带头人。我们'觉悟社'相约，在整个运动时期，不谈恋爱，更谈不到结婚了。"

"伍豪"和"逸豪"的相识轰轰烈烈又简简单单，他们是纯洁的战友，在爱国的浪潮中，以满腔热情同患难、共斗争，彼此间因为有共同的信仰而建立了深厚的情谊。

特殊的告白

一起上断头台

在天津的她,收到来自欧洲的明信片,印着两位为理想献出生命的国际主义战士的画像,背面是他写下的文字,"希望我们两个人,将来也像他们两个人那样,一同上断头台"。

  1923年春天,邓颖超正在天津达仁女校与谌小岑、李峙山夫妇开会,商量建立一个研究妇女问题的组织。

  "邓先生,有您的信!"门房打断了他们的谈话。

  邓颖超拆开信封后,里面是一张印着油画的明信片。明信片上,芳草如茵、鲜花盛开,三个披着金色秀发的美丽女郎正迎风奔跑,明信片背面,熟

悉的字迹映入眼帘。邓颖超惊喜地看到周恩来写的三行诗：

奔向自由自在的春天！
打破一向的束缚！
勇敢地奔啊奔！

看着手中的明信片，往事浮上邓颖超心头。在四年前的五四运动中，她和周恩来共同经受了这场革命风暴的洗礼，开始接受马克思主义的影响，逐步确立人生信仰。

五四运动后，周恩来远赴欧洲，探求拯救中国、改造社会的途径。他往返于法德之间，考察欧洲的社会情况、工人运动、各种政治派别和思潮。他与觉悟社社友一直保持通信联系。周恩来给邓颖超的信中说，经过细心地反复地学习、观察和思考后，自己终于作出一生中最重要的抉择：信仰共产主义的原理和阶级斗争与无产阶级专政两大原则。1921年春，周恩来参与创建旅欧共产党早期组织，成为中国共产党早期党员之一。

彼时，邓颖超在天津达仁女校任教，经常阅读《新青年》《向导》《中国青年》等进步书刊，参

1920年10月8日，北京华法教育会为周恩来、李福景开具的赴法勤工俭学介绍信

周恩来在巴黎的工作地和住处门前的留影

邓颖超在天津达仁女校任教期间的留影

与创建女权运动同盟直隶支部，开办妇女补习学校，为千千万万的姐妹同胞们争取成为真正独立的人而英勇斗争着。在与周恩来的通信中，邓颖超征求他对于建立进步妇女组织的意见，并热情地谈道，自己受到俄国十月革命的影响，通过阅读进步书刊，同样确立了共产主义信仰。

欧亚大陆之间的鸿雁传书，使两颗心因为有了共同奋斗的革命目标而走得更近了。邓颖超后来说："就是这样的，没有任何个人的意思，没有任何个人目的的交往，发展起来。"

不久，周恩来寄来一张印有李卜克内西和卢森堡像的明信片。李卜克内西和卢森堡都是伟大的国际主义战士、无产阶级革命家、工人运动的卓越领导人。他们在为共同的理想信念奋斗的日子里，曾经并肩战斗。后因叛徒告密，他们同时被捕，受尽折磨，但决不屈服，最终被杀害于柏林动物园，为共产主义事业献出自己宝贵的生命。这两位革命者共同上断头台的故事，打动了周恩来，他在明信片上写道："希望我们两个人，将来也像他们两个人那样，一同上断头台。"这样的革命誓言坚定了两人愿为革命而死，洒热血、抛头颅的信念。

这张明信片虽然已经遗失，但是它给后人流传的故事，却永不褪色。

　　周恩来在多年后教育他的侄女正确对待恋爱和婚姻问题时说，他所需要的是"能一辈子从事革命"，"能经受得了革命的艰难险阻和惊涛骇浪"的伴侣，而邓颖超符合这个条件。

《错误的恋爱》

张嗣婧之死的触动

她曾回忆道:"……在我上学的时候,路上遇到结婚的花轿,觉得这个妇女完了,当时就没有考虑结婚的问题。"随着知识的增长和阅历的加深,她运用马克思主义唯物观,正确地看待恋爱问题。

三月,本该是春回大地、万物复苏的好时节。

1923年3月24日,恰在这样一个好时节,邓颖超得到一个悲痛的消息:她的同班同学、年仅21岁的张嗣婧死了。

邓颖超和张嗣婧曾经一起参加学生运动、创办觉悟社、成立女权运动同盟直隶支部。就在几天前,邓颖超还去家中探望了病重的张嗣婧。张嗣婧迫于父母之命，接受包办婚姻，嫁给了刘家儿子。她在婆家被旧礼教所束缚，常常受到虐待，得病后没有得到有效治疗，最终含恨离世。

张嗣婧死于旧的婚姻制度、黑暗家庭的压迫，她的不幸遭遇深深地触动了邓颖超。邓颖超怀着悲愤的心情写下《张嗣婧传》、《姊妹们起哟！》、《宣言——为衫弃的死》（"衫弃"是张嗣婧在觉悟社的别名）等多篇文章。她在沉重悼念好友张嗣婧的同时，呼吁广大妇女："勇敢的起来，做一个真正独立的'人'吧！"

邓颖超一边为张嗣婧的去世感到不公，一边思考着如何拯救深陷封建压迫中的广大妇女。她从理论上深刻分析了广大妇女受到压迫的根本原因是经济无法独立、思想无法独立，她在《宣言——为衫弃的死》一文中郑重宣言："我们很愿意就我们的能力所及，给他们以相当援助……增进他们对于人生的乐趣与努力于打破恶势力的勇敢心。"在实践中，她建议通过实际行动来改变广大女子的处境。

1923年4月25日，以"实地拯救被压迫妇女，宣传妇女应有的革命精神，力求觉悟女子加入无产阶级的革命运动"为宗旨的女星社成立，探索妇女解放的根本问题。《大公报》高度评价女星社是"天津女

20世纪20年代的邓颖超

女权运动同盟会直隶支部特刊第3期《张嗣婧特号》

界之曙光"。不久,在女星社社员的共同努力下,天津女星第一补习学校和女星星期义务补习学校建立,授以广大妇女普通知识和浅显技能,唤起女子觉悟,培养她们的自理能力。邓颖超担任教务主任,具体负责教学业务。她实际上是女星社的核心与灵魂。

张嗣婧的命运,也使邓颖超对恋爱结婚问题有了新的认识。她曾经在回忆文章里说:"……在我上学的时候,路上遇到结婚的花轿,觉得这个妇女完了,当时就没有考虑结婚的问题。"随着知识的增长和阅历的加深,她运用马克思主义唯物观,正确地看待恋爱问题。

1923年5月5日,邓颖超在《女星》第二期发表了《错误的恋爱》一文。文章阐明两性恋爱所依据的基础是纯洁的友爱、个性的接近、相互的了解、思想的融合及人生观的一致,觅得共同的"学"与"业"来维持着有移动性的爱情。这也是邓颖超和周恩来真纯善美恋爱关系的真实写照。文章还指出,男女青年自由恋爱若基于金钱诱惑、情势逼迫、色情喜好、感情冲动就很危险。

如果说五四时期的邓颖超是个勇敢无畏的小妹妹,那么此时的她在这一时期的妇女运动中,已展现出深刻的思想和很强的领导能力。

"我和恩来的红娘是君宇"

爱情的信使

他接任黄埔军官学校政治部主任,她在达仁女校任教。两人分别在各自的岗位上奋斗着,无暇见面。他委托专人做"红娘",为她送去亲笔信。

自1920年底分别后,周恩来和邓颖超已经四年多没有见面,两人分别在各自的岗位上奋斗着。

1924年秋,轰轰烈烈的大革命在广州兴起。9月,在旅欧期间表现出色的周恩来受党组织委派回到广州。10月,他担任中共广东区委委员长,11月,接任黄埔军官学校政治部主任,开始新的革命旅程。此时的邓颖超已经加入中国社会主青年团,是天津最早的团员之一,并担任特别支部宣传委员。之后,她担任任教学校——天津达仁女校的团支部书记。

1925年1月的一天,达仁女校内下课的铃声响起,邓颖超刚走出教室,迎面走来一位男子向她打听道:"请问,贵校有位邓先生吗。"

邓颖超说:"您好,我是邓颖超,不知道是不是您找的邓先生。"

"颖超,您好!我是高君宇。我和恩来刚刚参加完在上海召开的中共四大。这次回北京途中路过天津,是受恩来的委托专门带封信给你。"

原来,是周恩来和邓颖超的爱情信使来了。

"君宇同志,您好!早就耳闻大名。谢谢您远道而来!不知恩来的身体可好?"说着,邓颖超高兴地接过信件,邀请高君宇到办公室喝杯热茶。

"恩来身体很好,本来这次是想和我一道来天津看你,但是广州来电,让他率领黄埔军校学生军东征,平定陈炯明叛乱,所以只能拜托我当一次'红娘'!"

这就是邓颖超称"我和恩来的红娘是君宇"的缘由。高君宇原名高尚德,五四运动时期是北京大学学生会负责人,1921年加入中国共产党,

是中国共产党第二、第三届中央委员。1925年1月11日至22日,中共四大在上海召开,高君宇作为中共北方区委负责人参加。在会上,他与周恩来一见如故,相谈甚欢。两人对于革命形势有着相同的看法,连恋爱观点都是一致的,彼此还互通了个人的恋爱情况。高君宇的恋人是才华横溢的青年诗人石评梅。他们之间如周恩来与邓颖超一样,有着共同的志趣和相同的抱负,因为革命工作繁忙,无法相聚。

不幸的是,周恩来、邓颖超的这位"红娘"于1925年3月5日因病去世。邓颖超得知后,甚为悲痛。数日后,她参加了高君宇的追悼会。会场正中悬挂着石评梅女士抄录的高君宇自题相片的那首诗,作为她悼念高君宇的悼词:

我是宝剑,我是火花。
我愿生为闪电之耀亮,
我愿死如彗星之倏忽!

遗憾的是,在会上,邓颖超没有见到由于悲痛过甚无法出席追悼会的石评梅。三年后,石评梅也因脑膜炎而去世。

1960年4月13日，邓颖超一行在陶然亭公园内高君宇、石评梅墓前。
左起：林玉华、周秉德、邓颖超、赖祖烈、孔原

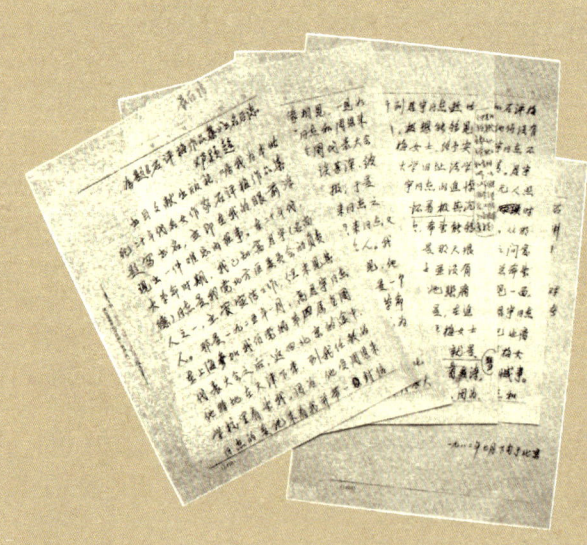

1982年7月，邓颖超为《石评梅作品集》作的序

  1982年7月，邓颖超为《石评梅作品集》作序，其中回顾了她和周恩来两人与高君宇、石评梅的交往点滴，提到她曾经几度到陶然亭凭吊二人的合葬墓，以表对于高、石两人的仰慕和同情。

文德楼的那间小屋

婚姻从这里开始

> 那时没有可以登记的地方,也不需要什么证婚人、介绍人,更没有讲排场、讲阔气,他们就很简单地,没有举行什么仪式,住在一起。在革命之花开放的时候,爱情之花并开了。

"呜——"伴随着悠长的汽笛声,一艘客轮停泊在广州码头。一位白衫黑裙、女教师装束的女孩激动而又忐忑不安地走下轮船。

她是 21 岁的邓颖超。

1925 年五卅运动后,由于在天津各界爱国运动中表现突出而引起当局注意的邓颖超,按照党组织的安排南下抵达大革命的中心地广州。这是她第一

次远离母亲,离开青年时代一起战斗的伙伴,独自来到这个陌生的城市。

行前,邓颖超曾经给周恩来写信,告诉他所乘轮船到港的时间。她相信,周恩来一定会到码头接她。但是,左等右等,始终没有在熙熙攘攘的人群中看到周恩来的身影。一贯泼辣果断的邓颖超决定不等了,自己叫了一辆人力车,按照之前周恩来给她的地址,径自前往。

就在此时,一位青年军官满头大汗、焦灼不安,他手握一张年轻姑娘的照片,穿过层层人群,边走边对着照片找人。他是周恩来的警卫副官陈赓。由于工作原因,周恩来实在是脱不开身,便委托陈赓拿着邓颖超的照片去接她,并要他务必给她解释一下缘由。然而,等到码头上的人都走光了,陈赓也没有接到邓颖超。他想,也许邓颖超已经去周恩来寓所了,所以立即折回赶往周恩来寓所。

果然如陈赓所料,文德楼的门口站着一位端庄清秀的姑娘,这不正是自己要找的人嘛!陈赓赶忙上前解释,告诉她,周恩来太忙实在无法抽出时间去码头。当然,他更怪自己粗心大意,没有接到她。邓颖超莞尔一笑,说:"恩来同志忙,不来接我没关系,只是给你添麻烦了。"一边说着,一边走进周恩来的寓所——文德楼3号2楼。

邓颖超放下行李后,立即随陈赓一起到位于广东省总工会的省港罢工委员会。当时,中共广东区委正在全力组织省港大罢工,周恩来与罢工委员会领导人苏兆征、邓中夏等人正紧张地筹划着。走进屋里,烟雾弥漫中,她看到近五年未见的周恩来,一身戎装,正在低头写着什么。陈赓快步走到周恩来身边,在他耳边说了几句话。周恩来抬起头来,看到了邓颖超,含蓄地点点头,笑了。开完会,周恩来还要赶回广东区委,只能又拜托陈赓在省港罢工委员会给邓颖超找间屋子休息。

第二天一早,邓颖超便到中共广东区委报到。按照党组织的安排,她担任中共广东区委委员兼妇女部长。中共广东区委委员长陈延年向她介绍了第一次东征后的严峻形势,她深深地体会到周恩来工作的艰难。

夜幕降临,昏黄的灯光透过长而窄的红色木窗。

结束了一天的工作,周恩来和邓颖超回到寓所。这时,邓颖超才仔细打量这间小屋,面积不大,只有两张沙发、一张茶几和茶台、一张方形饭桌,陈设虽然简单朴素,却不失温馨雅致。正如邓颖超多年后在回忆里说的那样:"我们那时没有可以登记

1925年8月,周恩来与邓颖超的结婚照

的地方，也不需要什么证婚人、介绍人，更没有讲排场、讲阔气，我们就很简单地，没有举行什么仪式，住在一起。在革命之花开放的时候，我们的爱情之花并开了。"

这对革命伴侣长达半个世纪的携手人生从这间小屋开始了。

周恩来和邓颖超在广州的住所——文德路文德楼

从简的"酒席"

焦黄的乳鸽见证幸福的新人

她站在板凳上,声情并茂地朗诵了他写给她的诗:"奔向自由自在的春天!打破一向的束缚!勇敢地奔啊奔!"

1925年夏日的一天,骄阳似火,就如生意兴隆的太平餐馆里的气氛一样热烈。这天,这间创始于清光绪年间的餐馆迎来了特殊的客人。

原来,邓颖超到达广州后,黄埔军校的许多同事都知道周恩来和邓颖超结婚了,大家张罗着要两位新人请客。周恩来一向不在意这种外在的形式,以工作繁忙为理由,再三推辞。但众多同事一再表示想见见新娘子。周恩来终于抵不住大家的热情和好意，选择在广州北京路上的太平馆西餐厅请同事好友一聚。他秉承着一切从简的原则，只摆了两桌酒席。

当时，正处于第一次国共合作时期，国民党方面的友人邓演达、何应钦、钱大钧、张治中；共产党方面的同志陈延年、邓中夏、恽代英、陈赓等人纷纷到场祝贺。饭前，大家起哄让邓颖超讲讲她和周恩来的恋爱经过，周恩来担心她应付不了这样的场面。

没想到，在五四运动时期就担任讲演队队长的邓颖超并不怯场，她像当年演讲一样，站在板凳上，落落大方地将两人相识、相知、相爱的过程娓娓道来。她说："我们是在鸿雁传书中确立恋爱关系的。"在讲述过程中，邓颖超还声情并茂地朗诵了周恩来写给她的诗："奔向自由自在的春天！打破一向的束缚！勇敢地奔啊奔！"

邓颖超讲完后，大家齐声叫好。张治中连声夸奖："周夫人果然名不虚传，和周主任一样，是出色的演说家。"

邓颖超笑着抗议说："不要喊我周夫人，我有名字，邓颖超！"独立自信且有胆识的邓颖超赢得

太平馆西餐厅

如今太平馆西餐厅的烧乳鸽

阵阵掌声。

席间，客人们向新郎、新娘一杯杯敬酒，表达着深深的祝福。邓颖超不会喝酒，细心体贴的周恩来把敬给邓颖超的酒一杯杯全代她喝下去。餐桌上，焦黄的乳鸽飘着诱人的香味，见证了这对革命伴侣简单又热闹的"婚礼"。

中华人民共和国成立后，周恩来又曾两次光顾太平馆西餐厅。虽然已经过去了几十年，但是烤乳鸽依旧是他必点的菜品，似在回味那场印象深刻的"婚礼"，又似在品味两人多年来相濡以沫、从一而终的革命爱情。

凶险的斗争

从未动摇革命的信心

一串子弹立即向他的车袭来……回到家后,她看到他浑身是血,这是他遇到的一次险情。形势严峻,却没有动摇他和她的信心,反而激励他们的革命意志更加坚定。

1925年8月20日,国民党左派廖仲恺遭暗杀牺牲了。

廖仲恺及其夫人何香凝,曾追随孙中山投身资产阶级民主革命,是孙中山1905年在日本组织的同盟会的第一批成员。在孙中山去世后,廖仲恺顶住压力,真诚地与共产党合作,开创了国民革命新局面。廖仲恺坚定不移地推行孙中山的联俄、联共、

1925年8月，廖仲恺在广州遇害。这是周恩来撰写的悼文《沙基惨案与廖党代表之惨死》

1946年8月20日，为纪念廖仲恺遇害21周年，周恩来（右二）、邓颖超（右一）、董必武（左一）同廖承志（左四）、廖梦醒（右三）、经普椿（左二）、李湄（左三）前往廖仲恺墓地扫墓

扶助农工的三大政策，并且采取切实有效的办法整顿财经纪律，引起了国民党右派的不满。对廖仲恺的危险境遇，周恩来事先已有所察觉。就在廖仲恺遇害之前，周恩来和邓颖超还去看望过廖仲恺夫妇，并诚恳地提醒他们务必要多加防范。

但是，令人担忧的不幸还是发生了。周恩来和邓颖超得知廖仲恺遇害的消息后，悲痛不已。周恩来当即驱车赶到医院。廖仲恺的爱子廖承志和爱女廖梦醒见到周恩来后，抱住他泣不成声，见此场景，一向坚强的周恩来也不禁流下眼泪。彼时，邓颖超正在国民党广东省党部妇女部，她急忙赶到医院，本想安慰何香凝，但是，似有千言万语，竟然找不到合适的词语，只能紧紧地和她握了握手。当天下午，她强忍悲痛出席省港罢工工人会议，并慰问罢工工人，鼓励他们要团结起来，打倒一切帝国主义和勾结帝国主义的军阀及走狗。在会上谈到廖仲恺的遭遇时，她泣不成声，希望工友们"要负起民族解放的责任，作国民革命的先锋"。

廖案发生后，周恩来忙着追查凶手的事情。他本来同蒋介石商定8月21日晚上11点戒严，搜捕廖案凶手。但有关方面在没有通知周恩来的情况下，把戒严时间提前到晚上9点，连口令也临时改变了。

周恩来的车到达广州卫戍司令部时，因口令对不上，一串子弹立即向他的车袭来，司机身负重伤。周恩来反应敏捷，在枪响的瞬间，低头伏身，躲过一劫。车停后，周恩来跳下车，大喊一声："我是周恩来！"警卫才停止了开枪。回到家后，邓颖超看到周恩来浑身是血，脸色苍白，这真是万分惊险。

这些阻碍，都没有能够动摇周恩来查找廖案凶手的决心，在极短的时间内，谋杀廖仲恺的真相被查明。周恩来怀着愤恨和悲痛的心情，撰写了《勿忘党仇》《祭廖仲恺文》《沙基惨案与廖党代表之惨死》等多篇文章，抨击暗杀背后帝国主义和国民党右派的阴谋。

第一次国共合作中，革命与反革命的斗争十分险恶，形势相当严峻，却没有动摇周恩来和邓颖超的信心，反而激励他们的革命意志更加坚定。

"轻率的决定"

失去第一个孩子

经过激烈的思想斗争,她决定以革命事业为重,没有留下孩子。一向温和的他听说后很生气,她第一次见到他发这么大火,也意识到自己这个"轻率的决定"错了。

婚后,周恩来和邓颖超紧锣密鼓地开始了各自的工作。

1925年9月,周恩来被任命为国民革命军第一军政治部主任兼第一师党代表、东征军总政治部总主任,被授予少将军衔,于10月6日率领东征军出发,全权负责前方政治工作。

邓颖超深切地感受到笼罩在广州上空的政治气

1926年，周恩来和邓颖超在汕头的合影

氛异常紧张，她也在用实际行动支持着周恩来的工作。作为中共广东区委委员兼妇女部长，邓颖超继续留在广州，协助何香凝开展广东妇女运动，负责起草各种报告稿件、批阅文电、接待来访、主持妇女部的会议。

秋高气爽，本来是人们感觉最舒服的日子，邓颖超却常常觉得恶心，浑身酸软无力，到医院检查后，才得知自己怀孕了。她既激动又紧张：自己刚刚21岁，初到广州，革命运动正在蓬勃发展，正是需要全力以赴投身斗争的时候。况且，周恩来和母亲都不在身边，自己哪有时间和精力顾得上生孩子？

经过激烈的思想斗争，邓颖超作出决定，从大局着想，以革命事业为重，不能留下这个孩子。她悄悄买来打胎的中成药，服用后，由于药性发作，她疼痛难忍，差点晕厥过去，只好请假休息。何香凝得知邓颖超生病了，立即来看望她。邓颖超考虑到何大姐刚刚失去亲人，不能再让她分心，就隐瞒实情，没有相告。一周后，她立即回到工作岗位上。

1925年11月4日，周恩来率东征军政治部人员进入汕头。邓颖超作为潮梅特派员代表广东妇女解放协会，到潮州、汕头、梅县一带开展妇女工作。

小别重逢后，细心的周恩来看到邓颖超清瘦了

邓颖超在潮州开展妇女工作的地方——潮州市李厝祠

很多,而且脸色不好,立即询问她是不是生病了。邓颖超知道瞒不过周恩来,就将自己怀孕和偷偷打胎的经过与心路历程告诉了他。

一向温和的周恩来听后很生气,责备说:"怎么能把生孩子和革命工作完全对立起来呢?孩子不是个人的私有财产,他属于国家、属于社会。而且,身体是革命的本钱,你怎么能随便糟蹋自己的身体?对于这件事怎么处理,你也该来信跟我商量一下嘛!怎么竟自作主张,这样轻率!"

是啊!孩子不是个人的私有财产,他属于国家、属于社会的。邓颖超第一次见到周恩来发这么大火,也意识到自己这个"轻率的决定"错了。

他们之间对待事情的观点和看法,偶尔会有分歧,但因为有着共同的出发点,所以会在沟通中达成一致。

痛失第二个孩子

永远失去做父母的权利

在得知她因为产后颠簸、影响身体,可能再也无法有孩子时,他安慰她:"革命正在危急关头,有多少同志都牺牲了。你现在最重要的是要恢复健康。"

1926年12月,周恩来奉命从广东调到上海任中共中央组织部秘书兼中央军委委员。当时兼任组织部主任的陈独秀,因病住院,对组织部工作几乎不再过问。这样,周恩来名义上是组织部秘书,但实际上他要负责整个组织工作的任务。

周恩来到上海后立即着手筹备上海工人第三次武装起义。1927年3月21日,武装起义爆发。前两次的武装起义因准备不足而失败,这次周恩来担任武装起义的总指挥,因事前部署周密细致,又正确地选择了起义时机,经过三十多小时的战斗,取得辉煌的胜利。

此时的邓颖超,已经怀有几个月身孕,留在广州待产。当时的上海是中共中央所在地,处于秘密状态下,周恩来调任上海后,与邓颖超音讯不通。邓颖超只能从报纸上得到丈夫的消息。

正当周恩来和战友们沉浸在武装起义成功的喜悦中时,蒋介石等国民党右派却在紧锣密鼓地进行着反革命的阴谋活动,于4月12日发动了反革命政变,蒋介石下令屠杀共产党员,并悬赏二十万银元捕杀周恩来。

紧张战斗中,周恩来十分挂念尚在广州、即将临盆的妻子。他考虑到广州也不安全,立即发密电给邓颖超,希望她接电后速来上海。确如周恩来预料的那样,四一二反革命政变发生三天后,广州也发生了清党事件,开始大规模逮捕并屠杀共产党员。周恩来和邓颖超在广州居住的中共广东区委军委机关也被搜查了。早在4月初,邓颖超就住进了广州市西关长寿西路一家德国教会办的妇产医院。邓颖超吸取上一次流产的教训,精心调养身体。谁承想,

038　情长纸短　吻你万千

领导上海工人第三次武装起义时的周恩来

1927年3月27日，上海工人第三次武装起义胜利后，上海总工会在湖州会馆大厅前举行升旗典礼

邓颖超腹中的胎儿体重超标，当时医院无法施行剖宫产手术，只能用产钳引产。孩子的头颅受到严重损伤，出生后就夭折了。

遭受失子之痛的邓颖超没来得及休息，又面临敌人的追捕。这一天，与邓颖超同在中共广东区委妇女部和国民党广东省党部妇女部一起工作的陈铁军和沈卓青悄悄来到医院，她们赶来是为通知邓颖超广州发生的清党事件，让她赶快离开广州。

危急关头，邓颖超镇定自若。在主治医生王德馨和护士韩日修的帮助下，她与母亲扮成工友，乘坐德国领事馆为医院赴香港采购药品的小船逃离了广州。

邓颖超和母亲杨振德辗转香港后，不敢停歇，于5月1日到达上海。一到上海，杨振德赶忙登报找人——这是之前周恩来与邓颖超相约的联系办法。周恩来每天都仔细浏览上海的各大报纸，希望能从报纸上看到这份寻人启事。5月2日，《申报》上的几行字让他一直悬着的心终于落下。原文大意是，"伍豪鉴：你久已不要你的妻子。现在，我带她到上海找你。你见报后速到××路××旅馆来。岳母振德。"

阔别五个多月，邓颖超一见到周恩来就扑到

他的怀里，泣不成声，诉说着这些日子的经历。在得知邓颖超因为产后颠簸、影响身体，可能再也无法有孩子时，周恩来安慰她："革命正在危急关头，有多少同志都牺牲了。你现在最重要的是要恢复健康。"

周恩来和邓颖超在血雨腥风中痛失爱子，永远失去了做父母的权利。

深夜告别

不知对方要去哪里

这次行动是极为机密的,向严格遵守保密纪律的他,这次也守口如瓶,出发前,与她紧紧地握手告别。她在报纸上看到南昌起义的消息,才知道他做了一件载入史册的大事。

1927年1月,国民政府迁往武汉,原来在上海的中共中央机关也迁到武汉。

5月下旬,周恩来抵达武汉参加中共中央的工作。在这之前,中国共产党已经召开了第五次全国代表大会。由于周恩来在广东领导军事工作和在上海领导工人第三次武装起义中表现出的杰出才干,已经得到全党的认可,在这次会上,他被选为中央

委员。随后,他在党的五届一中全会上,当选为中央政治局委员兼中央秘书长,之后又转任军事部长。

黑云压城城欲摧。武汉当时正处于白色恐怖之中,到处在搜捕、屠杀共产党员,政治形势十分险恶。尽管这样,周恩来还是沉着冷静、有条不紊地应对各种棘手的问题。在与邓颖超短暂团聚的日子里,他也一刻不停地忙着。

7月15日,蒋介石发动四一二反革命政变三个月后,武汉政府宣布"分共",公开背叛革命,轰轰烈烈的大革命失败了。在这危难的时刻,中共中央果断作出由周恩来担任前委书记领导发动南昌起义的决定。这次行动是极为机密的。一向严格遵守党的保密纪律的周恩来这次也一如既往地守口如瓶,他只在临行前吃晚饭时告诉邓颖超自己要去九江,至于去干什么、待多久,什么也没有讲。

夜幕降临,周恩来出发前与邓颖超紧紧地握手告别。邓颖超知道,他们之间每一次的分别都可能意味着最后的见面,这一次她依旧没有表现出丝毫的畏惧。

8月初,邓颖超是在报纸上看到南昌起义的消息,才知道周恩来去九江是做了一件载入史册的大事。这次起义是中国共产党在大革命失败后武装反

南昌起义总指挥部旧址

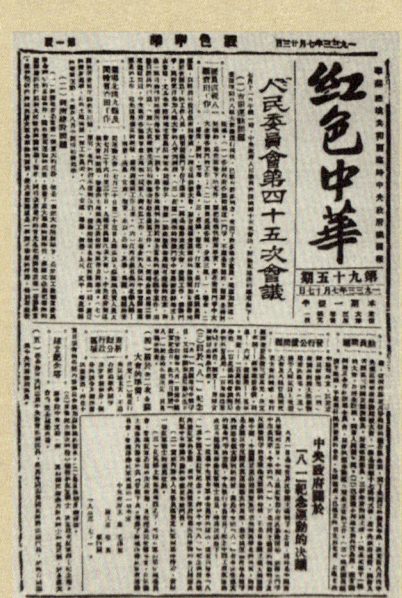

1933年7月11日,中华苏维埃共和国中央政府人民委员会第四十五次会议决定,以八月一日为中国工农红军纪念日。从此,"八一"就成为中国人民军队的建军节。这是刊载这一决议的《红色中华》报

抗国民党反动派的第一枪!

邓颖超从报纸上还得知,起义部队已经退出南昌,南下广东,一路遭到国民党军队的围追堵截。读到这里,邓颖超的心又紧张起来。恩来现在处境如何?脱离危险了么?种种疑问在她脑海中盘旋。当她看到国民党报纸上写着"共匪重要首领周恩来、叶挺仓皇逃窜",她悬着的心稍微放松了些,因为这样的表述恰恰说明周恩来和叶挺等人目前是安全的。

南昌起义部队占领汕头后,无力防守,不得不退到流沙。此时,周恩来得了恶性疟疾,高烧不退。虽然身体虚弱,但因情况紧急,他坚持带病部署接下来的行动方针。之后,周恩来时常陷入昏迷状态。在冲出敌人重围的过程中,幸亏遇到汕头市委书记杨石魂等人,在他们的帮助下,周恩来、叶挺和聂荣臻等人乘坐小船,到达香港。

11月上旬,周恩来乘船离开香港,抵达上海。他和邓颖超团聚后,立即投入到紧张的工作中,开始在上海长达五年的秘密战斗生涯。

赴会中共六大

一次危险的旅程

在警察厅里,他对一系列的盘问镇定沉着地一一回答。在旅馆内,她焦急地等待,如坐针毡,不知如何是好,但表面上还是装作泰然无事的样子。

大革命失败后,国内白色恐怖严重,共产党的组织接连遭受破坏,党员干部不断被捕遇害,国内形势十分严峻。

在全国形势发生重要变化的时刻,1928年夏,中国共产党第六次全国代表大会在莫斯科召开,周恩来出席了这次大会,邓颖超列席会议。

周恩来、邓颖超赴会六大的旅程,充满凶险。

1928年5月初，周恩来和邓颖超从上海启程。当时，日本帝国主义在济南屠杀中国外交官员，打死打伤中国军民数千人，制造了"济南惨案"。他们特别关心事态的发展，因此，在上船的时候，就将上海的各种报纸都分别买了一份，准备在船上翻阅。轮船到青岛短暂停留时，允许乘客上岸活动。他们到市区又买了青岛市的各种报纸带回船上。

这一举动引起了日方侦探的注意。

当轮船刚停靠大连码头，周恩来、邓颖超正准备上岸时，驻大连日本水上警察厅上来几个人，对他们进行盘问。这几个人先问周恩来是做什么的，周恩来回答是做古玩生意的，实际他们携带的箱子里一件古玩也没有；又问做生意为什么买那么多报纸，他们回答说，在船上没事可以看看。这几个人继续问到哪里去，回答：去吉林。问到东北干什么，答：去看舅舅。这几个人让周恩来跟他们到水上警察厅。由于并没有涉及邓颖超，周恩来请警察厅负责人找旅馆安排邓颖超先住下。在警察厅里，这些人又详细询问周恩来出生年月、学历、职业等个人信息。对于一系列的盘问，周恩来镇定沉着地一一作答。

邓颖超在旅馆内焦急地等待，如坐针毡，不知如何是好，但表面上还是装作泰然无事的样子。大约两小时后，周恩来平安归来，他们立即撕毁了接头的证件并扔到马桶中冲掉。

经过一番盘查，日本警察依旧没有完全消除对周恩来身份的怀疑。

当天下午，周恩来和邓颖超离开大连，坐火车前往长春，然后转往吉林，在途中，仍遇到跟踪。上车后他们就发现坐在对面的乘客是日本人，用中国话同他们攀谈。当时，机警的周恩来已经识破这是跟踪他们的便衣警察。二人在长春站下车时，对方想与周恩来交换名片。周恩来装作找名片的样子说："噢！我的名片没有装在口袋里，还在箱子里呢！很对不起。"一边说着，一边假装要去取名片。对方说："不必，不必了。"

这样，终于对付了过去。

两度遇险后，周恩来、邓颖超终于辗转来到哈尔滨。因为在大连被盘查时已将接头的证件毁掉了，无法与有关同志取得联系。幸运的是，六大代表是分批出发的。他们在火车站等到了继他们之后下一批到达的李立三，通过他得以联系到在哈尔滨的外国朋友。这样，他们才从哈尔滨前往莫斯科。

邓颖超一直保存着当年列席党的六大的证件，

中共六大会址——莫斯科近郊的兹维尼果罗德镇塞列布若耶别墅

邓颖超参加共产国际第六次代表大会的列席证

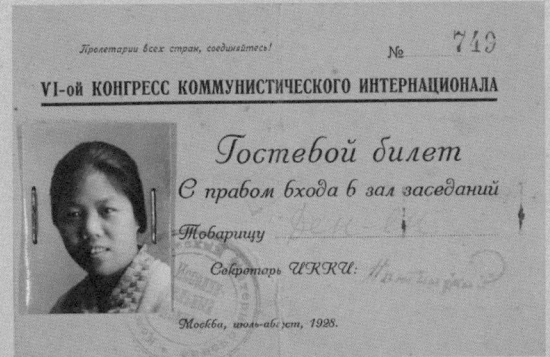

周恩来与邓颖超爱情故事 | 049

并在 57 年后——1985 年 8 月 1 日撰写文章《一次遇险与脱险的经过》，回忆这段难忘的旅程。这只是周恩来和邓颖超在革命岁月中经历的惊涛骇浪的一个缩影，就是在这样无数次的斗争中，他们愈挫愈勇。

在敌人压迫下不曾胆怯

处理顾顺章事件

为了作好掩护，他常常扮成商人模样，外出时，很少走大马路，多走小弄堂。她则总是装扮成普通的家庭主妇，常常提着菜篮子上街装作买菜，其实是去参加分支会或小组会。

大革命失败后，由于环境异常险恶，如何保证党组织和领导人的安全，是摆在中共中央面前的一个十分重要的问题。

周恩来是中共的核心人物，在大革命时期又长期公开开展工作，被国民党内许多人所熟识。所以，在敌人统治下的上海从事秘密工作对于周恩来和邓颖超而言本身就是一项严峻的考验。为了更好地开展工作,在暗流涌动的上海,最重要的就是要有个安全可靠的住所。因此,他们不停地搬家,少则半个月,多则一个月就要更换居住的地方,知道他们住处的也只有两三个人。为了作好掩护,周恩来常常扮成商人模样,外出时,很少走大马路,多走小弄堂,外出时间也严格限制在清晨5点至7点和晚上7点之后。邓颖超则总是装扮成普通的家庭主妇,常常提着菜篮子上街装作买菜,其实是去参加分支会或小组会。在她看来,党中央和领导同志的安全比自己的生命更重要,所以,他们在上海期间,过的是极枯燥的生活。

为了准确且及时地掌握敌人活动的情报,在周恩来的直接领导下,钱壮飞、胡底等人通过各种社会关系,打入国民党内部,及时掌握国民党特务机关企图破坏共产党秘密机关的种种动向,尽力营救被反动当局逮捕的共产党人。

周恩来当时是隐蔽战线中央特科的直接领导人,为中央特科工作花费了大量心血。他曾多次向党内干部强调,要想在白色恐怖下生存和活动,就必须严格执行工作纪律。

然而,一件对中共中央的安全造成从未有过的极大威胁的意外事件还是发生了。

白色恐怖下的上海

1951年,周恩来、邓颖超与当年中央特科情报科长陈赓(左二)等人在大连合影

1931年4月24日，时任中共中央政治局候补委员的顾顺章在武汉被捕后叛变，他曾经长期负责党的保卫工作，不仅掌握党的许多核心机密，而且知道党中央机关和许多中央领导人的住址，也熟悉各种秘密工作方法。他向国民党当局建议以突然袭击的方式将中共中央机关和主要领导人一网打尽。担任国民党中央组织部调查科机要秘书的地下党员钱壮飞获悉情报后，不顾个人安危，及时将情况报告给党中央。

4月25日，周恩来得知顾顺章叛变后，立即召开会议，采取了一系列紧急措施：第一，销毁大量机密文件，对党的主要负责人加强保卫并进行转移；第二，切断顾顺章在上海所能利用的重要关系；第三，废止顾顺章所知道的党内的一切秘密工作方法。在周恩来细致周密的布置和沉着机智的指挥下，各个地下机关在很短的时间内，几乎全部实现了秘密转移，保卫了党中央和江苏省委机关的安全。期间，他不顾个人安危，亲自通知一些同志转移，使大家迅速脱离险境，避免了一次后果极端严重的灭顶之灾。

对这次危急事件迅速妥善地处理，只是周恩来和邓颖超在上海坚持五年地下工作的一个缩影。对于这段经历，周恩来曾经说道："经过大革命和

白色恐怖的锻炼，坚定了我对革命的信心和决心。我做工作没有灰心过，在敌人公开压迫下没有胆怯过。"这种在极端艰难险恶的特殊环境中经过千锤百炼而形成的坚韧不拔的品质，成为周恩来和邓颖超在之后工作生活中的重要组成部分，对于他们之后的革命生涯有着深刻的影响。

到苏区

工作和生活的转变

他参与指挥红军英勇战斗,打破了敌人的第四次"围剿"。听到前方传来的捷报,她心潮澎湃,将思念和惦记化作工作的动力。

1931年6月,在上海的党中央再次受到严重打击,中央主要负责人向忠发被捕叛变。周恩来在上海的处境越来越危险,党中央决定让他暂时停止工作,深入隐蔽起来,等候转移。

1931年12月,周恩来被迫离开上海,前往江西瑞金。

瑞金在当时是中央苏区的"红色首都",中共

苏区中央局、中央革命军事委员会和中华苏维埃共和国临时中央政府都设在这里。次年4月，根据党组织的安排，邓颖超也撤离上海，奔赴苏区。在地下党同志的掩护下，她穿越国民党密布的防线，于5月底到达瑞金。

从白色恐怖笼罩的上海来到后方根据地瑞金，就如邓颖超所说："这个变化很大，我们的工作和生活发生了重大的转变——从秘密的、地下的、非法的环境转到有自己的政权、有自己的军队、公开活动的环境，从此我们开始投入了与白区截然不同的一种新的生活和新的战斗。"

邓颖超初到苏区时，就任中共苏区中央局宣传部、组织部干事，不久担任中共苏区中央局秘书长等职，以火一样的革命热情迅速投身到工作中。她参加了扩大红军队伍工作组，动员青年农民参加红军，与周围的同志们建立了和谐友好的关系。

1932年6月，国民党发动对全国各苏区的第四次"围剿"。为了粉碎国民党军队对苏区的第四次"围剿"，中共临时中央和中共苏区中央局决定由周恩来兼任劳动与战争委员会主席，负责主持计划并指导关于革命战争的一切军事、经济、财政、劳动动员事宜。在到达中央苏区后的两年多中，周恩来强

周恩来在中央苏区的办公地旧址

1932年5月,邓颖超到达中央苏区。这是中华苏维埃共和国临时中央政府所在地——江西瑞金

调红军的正规化和高度集中化,他凭借丰富的军事工作经验,对作战方针和红军建设等方面提出了许多宝贵的意见。

1933年3月,在周恩来和朱德等人的正确指挥下,红军英勇战斗,最终打破了敌人对中央革命根据地的第四次"围剿"。邓颖超听到前方传来的捷报,心潮澎湃。自从周恩来奔赴前线,她将思念和惦记化作工作的动力。苏区的生活很艰苦,敌人封锁严密,日用品进不来,没有盐吃,菜也很少,粮食不够吃,主食吃糙米。为了支援前线,邓颖超和后方的同志们,不要夏衣,并由每天的三顿饭减到两顿饭,大家时常饿得发慌,但都咬牙坚持下来了。

1934年10月,党内"左"倾领导者顽固坚持和推行错误主张,最终导致第五次反"围剿"失败。为了突破国民党反动派的"围剿",中央红军决定实行战略转移。

前路漫漫,等待周恩来和邓颖超的是新的挑战。

雪山草地共患难

长征途中,在毛儿盖,他病倒了,一连几天高烧不退,昏迷地躺在担架上。她不顾自己的身体已经极度衰弱,坚持守护在他身边,熬了三天三夜。

1934年10月10日,中共中央和红军总部从瑞金出发,率领红军和机关干部共八万六千多人,开始战略转移。

长征途中,前后有几十万国民党军队的围追堵截,头顶上有飞机的狂轰滥炸,从东南到西北,还要通过天险要道、悬崖峭壁、雪山草地,一路风餐露宿、日晒雨淋。邓颖超身患肺病,发着低烧,由

于苏区条件艰苦，得不到有效治疗，以致发展到大吐血。

长征开始了，怎么办？邓颖超回忆说："我要求留在江西根据地，免得给组织增加负担。但组织决定我跟队伍走，我只好服从。"她被编在休养连，随军出发。周恩来和毛泽东等人则率领红一方面军，四渡赤水河、巧渡金沙江、飞夺泸定桥，工作异常繁忙。

就这样，周恩来和邓颖超被编在不同的部队里。就在部队暂时停留在地势高峻、人烟稀少、粮食短缺的毛儿盖时，积劳成疾的周恩来病倒了，一连几天高烧不退，无法吃饭。邓颖超得知后，立即赶到周恩来身边，只见他脸色蜡黄，昏睡在担架上。经过医生诊断，确定了周恩来患肝脓肿和阿米巴痢疾，急需排脓。但是，由于当时的条件有限，无法消毒，不能开刀，只能靠人到几十里以外的高山上取冰块冷敷，以控制炎症不再扩散。邓颖超十分着急，她不顾自己的身体已经极度衰弱，仍坚持守护在周恩来身边，熬了三天三夜。

靠着冰块局部冷敷，加上邓颖超和医护人员的精心照顾，周恩来的高烧终于退了，渐渐清醒过来。醒来的周恩来看到邓颖超在身边，感到十分意外。

1931年12月,周恩来抵达中央革命根据地,这是红军时期的周恩来

周恩来与邓颖超长征到达陕北后的合影

这时,毛泽东正好走进来,一见周恩来醒了,高兴地对他说:"恩来啊,你这次生病多亏小超在你身边护理得好。你该谢谢她啊!"

周恩来这才发现,原本就瘦弱的邓颖超,脸色更加苍白,眼窝也深深地陷进去了。邓颖超赶忙说:"哪里是我的功劳,多亏医生治得好啊!"

中央红军越过草地之后,又经过腊子口、六盘山两处天险，于 1935 年 10 月到达陕北革命根据地。红军长征穿越 11 个省，行程二万五千里。周恩来、邓颖超历经这次磨炼，他们的意志更加坚强。

  1965 年，在纪念中国工农红军胜利完成长征三十周年之际，邓颖超撰写文章《漫谈长征》，她说："红军长征的胜利，向全世界人民宣告，人民革命战争不论经过多少困难和挫折，由于它是为广大人民的利益服务的，因而一定能够取得最后的胜利。"

北平西山疗养院的神秘来客

李知凡太太

> 为了尽快建立抗日民族统一战线，他不停地奔波斡旋。她来到北平西山疗养院忙于为抗战而募捐。在外人看来每天都是活泼开朗的她，内心却一直担心着他的安危。

1937年5月，初夏的北平局势日益紧张。

这一天，位于北平西山福寿岭的平民疗养院迎来了一位神秘客人。她穿着一件深蓝色绸缎旗袍，脚蹬皮鞋，手提一只小皮箱，走进疗养院，办理入院手续。

这位自称李知凡太太的神秘客人就是邓颖超。

这是一家私人疗养院，距离城市很远，地方也偏僻，收费比较便宜。与邓颖超共居一室的病友叫胡杏芬，是清华大学外语系学生，因为得了当时被视为"绝症"的肺结核，心情苦恼、脾气古怪。然而，在与李知凡太太的接触中，胡杏芬被她的和蔼、真诚、宽容所感染，重拾了对生活的信心和热情。

其实，在外人看来每天都是活泼开朗的邓颖超，内心却一直担心着周恩来的安危。早在3月中旬，周恩来就按照中共中央书记处的要求，飞往上海，会晤宋美龄，将根据中共中央提出的十五项谈判条件拟成书面意见，请宋美龄转交蒋介石。几天后，他又到杭州和蒋介石谈判。在上海期间，他还秘密地会见了中共上海地下党的同志。为了尽快建立抗日民族统一战线，周恩来不停地奔波斡旋。虽然国共合作、团结抗日已经成为不可抗拒的洪流，但也是荆棘丛生。

思念愈发深切，难免不向他人提起。就如同胡杏芬在之后的回忆中说道："她（李知凡太太）常常称赞她先生聪明、能干、有气魄，并且有爱国思想。"虽然当时的胡杏芬并不知道邓颖超的真实身份，更不知道她的"先生"周恩来的身份，但也被他们夫妻二人的美好感情所感动。后来胡杏芬得知邓颖超的真实身份，认识了周恩来，进一步受到两

邓颖超在北平西山福寿岭平民疗养院室外的留影

1937年，周恩来与邓颖超在西安的合影

位革命者的教诲和影响。

随着日寇铁蹄向华北深入,邓颖超每天忙于为抗战募捐等事情。在病友们的眼中,这位李知凡太太越来越神秘。七七事变爆发后,每天听着隆隆的炮声,病友们内心惶恐不安。邓颖超密切关注着事态的发展,将从医院办公室收音机里听到的最新消息通报给病友们。

战事不断扩大,邓颖超离开疗养院后,辗转多地,最终在西安与周恩来相聚,旋即投入到抗日洪流中。

1940年冬,胡杏芬因病情加重难以治疗而离开人世,年仅26岁。她生病期间,邓颖超和周恩来曾提起去看看她,因为时局恶化,工作太忙,始终未能如愿。胡杏芬病逝后,邓颖超和周恩来为她选了一块朴素的墓碑,专门去墓地看望了这位年轻的朋友,表达心中的哀思。

> **"伟大的事业"**
> 推动建立战时儿童保育会
>
> 他们来到武汉，积极奔走联络，广泛团结进步人士，想方设法集中力量抢救难童，"不仅要救济与教育难童，尤其要以坚毅精神，培育儿童，成为建设新中国的主人"。

1937年12月，南京失陷。国民政府的军政机关大部分迁到武汉。此时的武汉是各派政治力量交汇、聚集的政治中心，满街都是抗日救亡的标语旗帜。全国许多救亡团体和爱国民主人士也云集于此。为了建立抗日民族统一战线，中共中央决定由周恩来、王明、博古、叶剑英组成中共代表团，到武汉与国民党谈判合作抗战事宜。邓颖超随中共代表团

1938年,周恩来同邓颖超在武汉的合影

1938年5月,邓颖超与战时儿童保育会成员的合影,后排右一为邓颖超

抵达武汉，通过各种渠道、运用不同的方式，开展妇女抗日民族统一战线工作。与此同时，经中共中央批准同意，周恩来接受国民党方面的邀请，出任国民政府军事委员会政治部副主任。

当时，一个迫切需要进行的工作就是抢救难童。

12月18日，周恩来、邓颖超等到达武汉。他们积极奔走联络，广泛团结进步人士，想方设法集中力量抢救难童。

为什么要开展救济难童的工作？怎样进行这项工作？邓颖超有着自己的见解。她认为，救济难童不仅仅是在物质方面给予满足，更重要的是对他们进行爱国主义教育。针对社会上存在不重视难童工作以及仅仅把保育难童作为慈善事业的思想，邓颖超后来在《新华日报》发表题词："保育儿童是伟大的事业，不仅要救济与教育难童，尤其要以坚毅精神，培育儿童，成为建设新中国的主人。"

1938年1月24日，邓颖超、李德全、沈钧儒、郭沫若、蔡元培等人召开发起人会议，成立战时儿童保育会筹备委员会。在保育会筹备初期，邓颖超考虑到难童数量多，急需大量人力、财力、物力的支持，这样就需要请一位思想进步又具有社会影响力的热心人士主持此项工作。她与周恩来商量后，觉得冯玉祥的夫人李德全是最合适的人选。为落实这个想法,周恩来亲自到冯玉祥和李德全的家中商议,最终促成了这件事。3月10日,保育会的成立大会在汉口召开,到会的各界知名人士达七百多人,周恩来和邓颖超任名誉理事。

在周恩来和邓颖超等人全力支持下推进成立的中国战时儿童保育会,是第二次国共合作开始后最早成立的抗日统一战线团体。保育会的主要工作内容包括抢救战区儿童、筹建保育院、开展募捐活动等。保育会收容的难童范围非常广泛,涵盖阵亡将士之子女、抗战将士之子女、因参加抗战而牺牲人员之子女、做救亡工作人员之子女、战区灾童等。由于收容的人数众多,支出较大,经费十分紧张。为此,周恩来和邓颖超各捐出一个月的工资。在周恩来和邓颖超等人的努力下,保育会作为民间团体,争取到了多方面的支持和援助,先后共抢救难童29849名,为革命和建设保存了大批新生力量。

周恩来和邓颖超在武汉短暂停留的十个多月里,尽量利用公开的、合法的身份开展工作,不辞辛劳、果敢坚毅,做了大量奠基性、开创性的工作,为进一步打开国民党统治区及部分沦陷区工作的新局面奠定了扎实的基础。

烽火中的温情

关爱孩子剧团

> 在八路军驻武汉办事处,他们为孩子剧团举办隆重的欢迎仪式。他鼓励孩子们要有"救国、革命、创造"的精神,她把小团员们当作自己的孩子那样关心爱护,叫得出每一个人的名字和小名。

1938年2月9日下午,八路军驻武汉办事处里喜气洋洋、欢声笑语,只见办事处的二楼上贴着醒目的标语:"欢迎为民族解放而斗争的孩子剧团!"

原来,这是周恩来和邓颖超等中共领导人在八路军武汉办事处为孩子剧团举办隆重的欢迎仪式。

孩子剧团成立于全民族抗战爆发后。当时,在中共地下党的领导和动员下,上海沪东临青学校

1938年夏,周恩来和邓颖超在武汉同《西行漫记》的作者、美国著名进步记者和作家埃德加·斯诺(左一)合影

074　情长纸短　吻你万千

的学生主动团结起难民收容所里的其他小朋友,成立了孩子剧团。这些孩子最小的只有8岁,大多是十一二岁,年龄最大的团长也只有17岁。他们凭借自己的力量,以演剧、唱歌等方式宣传抗日。战事逼近,上海失守,孩子剧团的孩子们不得不冒着敌人的炮火,走上流亡的道路,辗转行程几千里,终于在1938年1月到达抗战重镇武汉。

在欢迎会上,周恩来赞扬孩子们敢于与恶劣环境作斗争的勇气和魄力,并鼓励孩子们要有"救国、革命、创造"的精神,一手打倒日本强盗,一手创

1938年,邓颖超和孩子剧团在八路军驻武汉办事处门前的合影

造新中国，勉励他们要深入民众，做好抗战的动员工作。孩子剧团一到武汉，邓颖超就去他们的驻地汉口洪益巷培心小学看望他们。她关切地询问孩子们这一路的经历，并把八路军办事处同志们的捐款交给孩子剧团的负责人。小团员们又感激又愧疚，因为他们知道这些同志的生活也很清苦，这些钱都是大家节衣缩食挤出来的。

周恩来对孩子剧团的发展倾注了大量心血。1938年5月，在他的亲切关怀下，7名团员经过党组织的慎重研究和中共长江局的审查、批准，正式加入了中国共产党。邓颖超把这些小团员们当作自己的孩子那样关心和爱护，她能叫得出每一个人的名字和小名，并经常带一些进步爱国人士去看他们的演出。邓颖超多次去看望他们，并为他们安排好生活、学习和工作，鼓励他们继续为抗战作出自己的贡献。

当孩子剧团的工作蓬勃开展时，国民党反动派却借"收编"的名义企图扼杀它。团长吴新稼急切地寻求周恩来和邓颖超的帮助。由于当时国共两党处于合作抗日的形势下，孩子剧团不能公开对抗"收编"。邓颖超建议他们以工作太忙、病人太多、孩子们想回上海等为借口，应付着、拖延着。周恩来

出任国民政府军事委员会政治部副部长后，极力争取让孩子剧团隶属于由政治部直接领导的第三厅，彻底粉碎了国民党强制收编孩子剧团的阴谋。

1942年9月，国共两党关系开始走下坡路，国民政府军事委员会政治部以"改组"为名，撤换了孩子剧团的团长，准备解散他们。根据中共中央制定的"隐蔽精干，积蓄力量"方针，周恩来和邓颖超在地下党组织的有力配合下，把孩子剧团的大部分团员撤出重庆，并根据孩子们的不同情况，为其谋划出路。

1984年8月13日，邓颖超与阔别多年的孩子剧团团员以及他们的家属在中南海怀仁堂相聚。她幽默地说："四十多年前，我们在武汉相见的时候，你们不过像今天这些孩子这么大。……当年你们是第二代，现在已有第三代、第四代，我也跟着你们升级了，我当太奶奶了！"邓颖超的亲切风趣将大家带回到了温情的烽火岁月中。

第一封公开的家书

撤离武汉

> 烽火连三月,家书抵万金。
>
> 在民族危亡、颠沛流离的艰难岁月中,她既担忧他的安危,又惦念母亲和公爹的安全。接到他的来信后,一股暖流涌上她的心头。

1938年,全民族抗战进入第二个年头。

这一年,日军在中国战场上继续加大兵力的投入,整个华夏大地笼罩在炮火的浓烟下。10月下旬,日军逼近武汉,中共代表团负责人周恩来着手组织撤离工作。10月24日深夜,周恩来来到新华日报馆,写好社论《告别武汉同胞》,安排工人刊印最后一天报纸,张贴散发。直至25日凌晨,他才和工作

周恩来与邓颖超在荷兰著名电影工作者伊文思赠送给八路军的电影机前留影

1938年,周恩来与邓颖超在武汉合影,这是他们送给母亲杨振德的照片

人员在隆隆的炮火声中最后一批撤离了武汉。周恩来撤离之前,作为唯一一位中共女参政员的邓颖超已远赴重庆,参加国民参政会一届二次会议。

10月27日,周恩来辗转到达长沙。11月10日,日军由武汉南下,攻占岳阳,长沙告急。11月12日,周恩来和叶剑英在长沙完成撤离的各项工作后,决定在长沙城内再住一夜,第二天早上动身去湘潭。

没想到13日凌晨,长沙发生大火,这场大火是地方军警负责人根据国民党最高当局所谓"焦土抗战"部署,又误信日军已迫近长沙的谣传,下令放火造成的。这场大火烧毁房屋五万多栋,居民死伤两万多人。

已经回到通讯处躺下休息的周恩来,火起后被随行人员急促的声音叫醒。此时院内蔓延的大火快蹿到二楼卧室了,他连忙同叶剑英一道跑下楼去。但前门已被大火封住,他们只好改从后门冲出。这时的长沙街头更是一片火海。人们携家带口,四处逃散,哀嚎不断。周恩来随即带领身边人员徒步朝湘江边走去,沿湘江步行了二十多里路才遇到郭沫若等乘坐的卡车。

13日下午,周恩来一行到达湘潭,立即召开紧急会议,研究应急对策,并迅速开展善后救灾工作。

在紧张的工作间歇,周恩来担心邓颖超惦念自己的安危,给她写了一封信,信中讲述了撤离武汉后一路南下的情况:

超:

不及一月,已两退都市。上月二十五晨有计划地离开武汉,秩序颇好,我亦安然到达沙市,转来长沙。……昨夜长沙火起,全城一炬。我及剑英、文禧与两个特务员仓猝出火城,衣被尽失,步行

二十余里，始遇卡车转来湘潭。现两老均在衡阳道上，后日可往桂林，何时往贵阳，须待车通。我目前大概在衡阳宝庆桂林之间随委座行动。……二十日来甚忙，常不得好睡，但精神甚健。

周恩来在信中提到的"两老"，指周恩来的父亲周劭纲和邓颖超的母亲杨振德。1938年，周劭纲和杨振德先后到达武汉投奔周恩来、邓颖超。武汉沦陷前，周恩来安排两老随八路军驻武汉办事处家属撤离。

烽火连三月，家书抵万金。在这种民族危亡、颠沛流离的艰难岁月中，邓颖超既担忧周恩来的安危，又惦念母亲和公爹的安全。接到周恩来这封信后，一股暖流涌上邓颖超的心头。周恩来在战乱流离的辗转途中仍然惦念着她，并且妥善安置了两老，这使邓颖超感到踏实和安心。

这封信一直被邓颖超珍藏着，是现存已公开的他们夫妻二人的第一封通信。在周恩来和邓颖超的革命生涯中，为了大局的需要，他们两人经常分处两地，聚少离多的生活已是家常便饭。在这种艰难困苦的条件下，他们夫妻只能通过书信的形式来寄托思念、互勉互慰，用最平凡的家书，写出最真挚的情感。

续写家谱

祖籍绍兴之行

他认真翻阅族谱后,亲笔将自己和几位同辈兄弟的名字及生辰续写在家谱上,并郑重地在自己的名字旁边写下了"妻邓颖超"几个字。

1939年3月28日,绍兴城郊的码头迎来一艘专轮。船头上站着三个人,他们是身着戎装的周恩来和秘书邱南章、警卫员刘久洲。周恩来这次来绍兴扫墓祭祖,并同亲友们广泛交流,鼓励大家同日本侵略者抗争到底!

周恩来对绍兴有着很深的感情,这里是他的祖籍,有他祖先的坟地,还有不少亲属。望着美丽的

1939年,周恩来在绍兴与亲友的合影

1939年3月29日,周恩来在绍兴《老八房祭簿》上续填了相关家谱信息。这是《老八房祭簿》的影印图片

绍兴城，周恩来思绪万千。此次东南之行，他已经与邓颖超分别了一个多月，之前去了安徽泾县视察新四军，确定了新四军的发展方针，还去了江西、浙江等地指导党的工作。

刚一下船，周恩来就受到国民党当局的"热诚陪伴"，被安排到绍兴县商会下榻。稍事休息后，他便安排警卫员刘久洲到自己的姑父王子余家拜访。之后，刘久洲又在周恩来表弟王贶甫的陪同下到市区宝祐桥河沿的周恩来祖居"百岁堂"联系次日祭祖之事。

刘久洲回来汇报说："刚刚您的族曾祖周希农和周守白接待了我们，对于您的到来感到非常高兴，并拿出了族谱《老八房祭簿》，但是上面只有您祖父辈和父亲一辈的名字，您这一辈还没有填齐。"周恩来点点头，默默地将这件事记在心里。

当天下午，周恩来到绍兴城内拜望姑父王子余。周恩来拿出自己的名片，作了自我介绍。乱世相逢，倍觉亲切。王子余设宴招待周恩来，并邀请几位地方著名人士作陪。席间，周恩来和大家边吃边谈，向在座的人详尽地介绍八路军所在地的情况，宣传共产党的抗日主张。

吃完饭后，大家一起商定了祭扫祖坟的事宜。

为此，周恩来当晚写了一封亲笔信，送到周希农处，托办祭席等："希农太公公赐鉴：兹派人呈上国币百元，请代办明晨祭席四桌，并于午间代请宝祐桥本家各长幼午餐，烦渎之请，容明晨面谢。专禀，敬请晚安。曾侄孙周恩来叩，即晚。"

第二天上午，周恩来从县商会回到祖居"百岁堂"，与周希农等十余人一同去扫墓祭祖，包括涂山鸭嘴桥、外王狮子山等处周家的祖坟。每到一处墓地，周恩来都亲自上香，行三鞠躬礼，并给看坟人一些钱表示酬谢。

扫墓归来，在"百岁堂"休息时，周希农捧出手抄的《老八房祭簿》给周恩来看。周恩来认真翻阅后，亲笔将自己和几位同辈兄弟的名字及生辰续写在家谱上，并郑重地在自己的名字旁边写下了"妻邓颖超"几个字。

家谱，又称族谱，是记载一个家族的世系繁衍及重要人物事迹的书，续写家谱无疑是一件意义重大的事。周家此前的族谱，很少将男性成员妻子的全名写在上面，通常仅写上"某太君"。然而周恩来深知，作为一直为妇女工作奔走、立志让女性改变受压迫剥削地位的妻子，一定不愿意在家谱上仅留下一个姓氏作为指代。为了显示对邓颖超的尊敬，他特意将邓颖超的全名写在了家谱之上，这无疑是对妻子的深切肯定。像这样感人至深的细节，在周恩来、邓颖超的生活之中可谓比比皆是。他们虽然时常分散在两地，但在心中都时时牵挂着对方，任何时候都设身处地地为对方着想。

到苏联疗伤

一起飞往莫斯科

她陪他到苏联治疗,她给共产国际去信,详细介绍了他在医院治疗的情况和经过。他考虑到国内局势,拒绝了继续做大手术的意见,他们始终惦记的仍是工作。

1939年7月,一封来自延安的电报让身处重庆的邓颖超心急如焚。电报上说,周恩来坠马受伤了,但没有写具体的情况。

原来,当时在延安的周恩来骑马去中央党校作报告,途中因坐骑受惊,他从马上摔下来,右臂撞在石崖的突出处,造成粉碎性骨折。

几天后,邓颖超收到周恩来的信,信中对于坠

1939年，邓颖超陪同周恩来到苏联治疗臂伤。这是他们在莫斯科的合影

1939年，周恩来和邓颖超在苏联的合影

马的事情没有提及太多,反而更多的是关心她的工作和生活。只在信的结尾提到,中央已经批准邓颖超陪他到苏联治疗臂伤。

邓颖超接到信后,立即出发,从重庆到西安,只用了四天的时间。

回到延安,邓颖超看到周恩来的右手用两块夹板吊着,正用左手批阅文件。

"你伤势怎么样?胳膊疼得厉害吧?这到底是怎么回事?"邓颖超心疼地提出一连串问题。

周恩来放下手中的笔,安慰邓颖超说:

"小超,不用太担心,我只是不小心从马上摔下来的,你看我现在这不是好好的嘛,照常可以工作嘛。况且,中央已经批准我去苏联治疗了,过些日子,你陪我一起去。"

其实,情况并非周恩来所说的那样。为周恩来治伤的印度大夫柯棣华曾回忆道:"当我们给他脱下衣服检查时,看见他的内衣都湿透了。想想看,他是用多么坚强的毅力在坚持工作啊!我们心痛地责备他不应该这样不爱护自己的身体,可你知道他说什么吗?他说:'一个人只要还活着,就应当为党工作。'在八路军里,我常常听到同志们说这句话,可在当时,我却忍不住地掉泪了。"周恩来总是这样,对于自己的事情从来都是淡然处之,无论处于什么样的境地,都能心无旁骛地处理工作。他知道自己将很长时间不能用右手写字,就坚持用左手练习写字、批改文件、起草电文。在延安进行治疗期间,他经常忍着剧痛伏案工作。

经过一段时间治疗后,周恩来的臂骨愈合得不理想,右肘仍处于半弯曲状态,右臂肌肉也出现萎缩。时间紧迫,不宜再耽搁。8月底,周恩来和邓颖超从延安启程前往莫斯科。途中,他们想到十几年前到苏联参加中共六大时那次有惊无险的旅程,不禁感慨万分,当年一起并肩的战友有的已经牺牲了。

周恩来到达莫斯科不久,就被送到克里姆林宫医院住院检查。邓颖超给共产国际执行委员会总书记季米特洛夫的信中,详细介绍了周恩来在医院治疗的情况和经过,说:周恩来同志9月14日后进克里姆林宫医院,9月19日进行了手术,切除了一小块突出的骨头;一周之后刀口已顺利愈合,25日已经拆线,伤势正在痊愈;按照教授和医生们的最初估计,他的手臂将可以弯曲45度。但后来的情况并没有预想中那么顺利。在讨论如何继续治疗时,医生提出了两个方案供选择。第一个方案是把肘骨拆开,重新接骨,愈合后胳膊可以运转自如,但需

要的时间较长。第二个方案是不开刀,治疗时间短,但是将来胳膊只能在 40 到 60 度以内活动。经过仔细研究和讨论,所有医生都认为:如果手臂状态没有好转的话,一定是需要做大手术的。当时,国内国民党顽固派不断挑起事端,国共合作形势逆转,局势非常严峻。周恩来考虑到国内情况,认为自己不能长期在国外治疗,他毫不犹豫地选择了第二种方案,拒绝了继续做大手术的意见。

在苏联治疗期间,周恩来和邓颖超始终惦记的仍是工作。周恩来向共产国际报告了中国抗日战争的形势和中国共产党的工作,他引用大量数字,分析抗战以来国内局势的演变情况,使共产国际对中国的抗战情况和中国共产党有了更真切的了解,在指导中国革命问题上更接近实际。周恩来还在青年共产国际执行委员会书记处会议上作了中国青年运动的报告。邓颖超除了到医院探望和陪伴周恩来,还到莫斯科各地参观学习。她受邀参加了十月革命二十二周年纪念大会、参观了苏联农业展览馆等。

在苏联期间,周恩来和邓颖超切身体会到苏联崭新的面貌和繁荣的生活,增添了奋斗的勇气和信心。

散落的影像

爱在孩子中

为了努力保护和抚育好烈士子女及革命者后代,他们千方百计地寻找流落各地的孩子们。在苏联治伤期间,他们专程多次到国际儿童院看望在这里的革命后代,并将从延安带来的大红枣分给大家。

1929年8月24日下午,由于叛徒的出卖,周恩来的亲密战友彭湃、杨殷、颜昌颐、邢士贞被捕,后被敌人杀害于上海龙华监狱。

1930年8月30日,中共中央机关报《红旗日报》刊登了周恩来于1929年撰写的一篇纪念文章《彭杨颜邢四同志被敌人捕杀经过》,文章写道:"我们在死难的烈士前面,不需要流泪的悲哀,而需要

周恩来和邓颖超到莫斯科国际儿童院看望在那里学习的中国革命烈士的子女

1940年,周恩来、邓颖超在莫斯科。这幅照片是他们赠给瞿秋白的女儿瞿独伊的

更痛切更坚决地继续着死难烈士的遗志,踏着死难烈士的血迹,一直向前努力,一直向前斗争!"

为了保护和抚育好烈士子女及革命者后代,各地党组织在周恩来和邓颖超等的领导下,纷纷行动起来,通过各种渠道千方百计地寻找流落各地的孩子们。经过他们持续的努力,共找回十几名革命后代,如赵世炎的孩子赵令超、赵施格,张太雷的儿子张芝明,蔡和森的孩子蔡妮、蔡博、蔡转,以及李富春、蔡畅的女儿李特特等。找回的孩子一般都先在周恩来和邓颖超的住处住下。周恩来和邓颖超竭尽所能地妥善照顾孩子们的学习和生活,引导其走向父辈为之奋斗的革命道路,这为革命事业保存了大批新生力量。

全民族抗战时期,延安向莫斯科国际儿童院输送了40多名革命烈士和领导人后代。周恩来得知毛泽东的儿子毛岸英和毛岸青在欧洲流离失所的消息后,立即给驻莫斯科的共产国际发去"派人去法国接毛岸英兄弟到苏联"的电报。1938年,毛岸英(当时化名为谢廖沙)和毛岸青进入莫尼诺共产国际第二儿童院学习。孙炳文烈士与任锐之女孙维世,在周恩来和邓颖超的鼓励与支持下也先后在莫斯科东方大学和莫斯科戏剧学院学习。

在苏联治疗臂伤期间,他们专程多次到国际儿童院看望在这里的革命后代,并将从延安带来的大红枣分给大家。他们详细询问孩子们的学习生活情况,孩子们亲切地称他们为"周伯伯""邓妈妈"。见面结束后,周恩来、邓颖超与大家合影留念。由于有些孩子在很小的时候甚至还在襁褓里就被送到了苏联,除了全体大合影之外,邓颖超和周恩来还单独与每一家的孩子合影,为的就是将照片带给他们的父母。

"不是亲人,胜似亲人。"这些散落的影像就是周恩来和邓颖超与革命后代之间亲密关系最真实、最生动的写照。

大有农场

在雾都重庆的落脚点

在被炸毁的办事处前,他们照了一张相,面带微笑,淡定沉着……他们另觅新址,建起红岩村,筑起风雨如磐岁月中的精神家园。

1939年1月16日,中共中央南方局在重庆成立,周恩来任南方局书记,邓颖超任南方局委员。南方局是中共中央秘密派出机关,不公开对外。

从1938年2月至1943年8月,日军对重庆进行了长达五年的野蛮轰炸。1939年5月,八路军设在机房街的驻重庆办事处也遭到轰炸,夷为废墟。有一天,周恩来和邓颖超经过这里,在被炸毁的办

事处前照了一张相,两人面带微笑,淡定沉着,展现出迎难而上的凛然斗志、积极乐观的革命精神和无畏无惧的英雄气概。这时,正值国民党顽固派在政治上制造分歧、军事上制造摩擦之时。因此,周恩来指示马上在城区近郊另觅新址。经过实地勘察和了解,他们认为位于嘉陵江红岩嘴的大有农场非常适合。

大有农场坐落在半山坡上,共有 200 多亩地,满山遍野栽满了果树。这里距市区约 5 公里,地广人稀,出入方便,适合开展工作,具有较好的政治掩护色彩。农场主人饶国模是一位爱国进步人士,她的哥哥饶国梁是黄花岗七十二烈士之一。在哥哥的影响下,她学习新文化,思想进步,同情革命。20 世纪 30 年代,她怀着实业救国的思想在市郊化龙桥红岩村开辟了大有农场。全民族抗战爆发后,她更是不遗余力地支援抗战。当中国共产党提出想在大有农场建立机关时,饶国模欣然同意,当即划出地皮供修建办公住宿大楼,并积极帮助筹建。建成的办事处被称为"红岩村"。

新的大楼建好之前,工作人员就在路边搭起简易席棚对外办公,夜晚就睡在农场的一些房屋内。在南方局和办事处工作人员的齐心协力下,一栋砖

全民族抗战时期，周恩来和邓颖超在重庆的合影

1940年夏，周恩来从重庆回延安。这是他在珊瑚坝机场与邓颖超一起同前来送行的国民党代表张冲的留影

木结构的三层楼房很快竣工。为了躲避日军空袭，大楼外墙刷成灰色。一楼是公开的八路军驻重庆办事处用房，二楼是中共中央南方局办公用房，南方局的同志们都以中共代表或国民参政员等公开身份住在这里，三楼是机要科。随着人员的增加，农场内又修建了礼堂，办起了招待所、托儿所。大家自力更生，开荒种地，丰衣足食。饶国模更是捐出自己的存款，给予多方面的帮助和支持，对同志们的照顾是"生老病死，无微不至"。

在大有农场基础上建起的红岩村，是中共中央南方局和八路军

办事处在重庆的落脚点,更是大家在风雨如磐雾都岁月中的精神家园。周恩来和邓颖超在此度过了难忘的岁月,直到1943年离开重庆。

  1985年10月,邓颖超到重庆视察。雾都的山山水水,如同电影一般在她的脑海里闪过。她内心感慨万千,提笔写下:红岩精神,永放光芒。之后,她还特意到红岩村主人饶国模住的小楼前参观,深情回忆起了在红岩村的岁月。她说:"没有饶国模,我们连立足之地都没有。"

夫妻应该怎样相处

一次婚礼上的贺词

> 他举起酒杯，祝贺新婚夫妻，又微笑着望了望身旁的她，说结婚后是爱情的上升和发展。在家里，他们是夫妻关系；从革命和政党来讲，是战友关系、同志关系，还是师生关系。

1941年元旦，重庆曾家岩50号"周公馆"处处洋溢着欢乐的气氛，房间都装点一新。原来，这天不仅是元旦，还是中共中央南方局军事组成员傅大庆和苏联驻华大使馆武官处工作人员冯大璋补办婚礼的日子。当时，重庆政治气氛压抑，大家在险恶的环境中坚持工作和斗争。为了振奋士气，发扬革命乐观主义精神，周恩来和叶剑英决定把元旦搞

得热热闹闹的,并为这对已经喜结良缘的新人补办一次正式婚礼。

同志们置办了红绸,兴致勃勃地为两位新人书写喜幛和贺词,贴在周公馆三楼会议室里。

周恩来作为主婚人在喜幛上题写了贺词:

大庆兄、大璋姊新婚之喜
形式和内容统一,大庆和大璋同心。

民国卅年元旦
周恩来祝

旁边紧挨着的是邓颖超的贺词:

相爱合作
善始善终

这实际上是周恩来和邓颖超的恋爱观、家庭观和生活观的写照。他们夫妻二人在当时的八路军办事处可以说是一对人人称羡的神仙眷侣。这一点从当天傅大庆写的《新郎自题》诗中就可见一斑:

郎才女貌两相忘,

1940年，周恩来和邓颖超结婚15周年时在重庆的合影

周恩来和邓颖超在被日本飞机轰炸破坏后的八路军驻重庆办事处楼前留影

赢得倾心是庆璋，
绝俗文章师马列，
胡公超姊自高强。

诗中所提"胡公"指的是周恩来。他被称为胡公的缘由是：第二次国内革命战争时期，为了对敌斗争和隐蔽工作，周恩来蓄起了胡子，被大家称为"胡公"。

在这首打油诗旁边，是叶剑英参谋长"顽皮"的批语："好不要脸！"

周恩来还另外题写了一份贺词送给两位新人：

今天踏进了一九四一年，二十世纪的五十年代，应是你俩最快乐、最努力的年代！

周恩来

在婚礼进行中，周恩来首先举起酒杯祝贺新婚夫妻，然后环顾在座同志，又微笑着望了望坐在身旁的邓颖超，风趣地说："在他们新婚的喜庆日子里，我还想再提一些想法。我以为，在婚前要有正确的恋爱观，婚后要有正确的家庭观和生活观。"他又说："我们有一个革命大家庭。在我们革命队

伍里,除了夫妻关系以外,还有战友关系、同志关系。因此,结婚以后理应把革命工作做得更好。生活方面要科学地处理、安排,过革命者紧张、活泼的战斗生活。我和小超同志从结婚以来,互敬互爱,互相帮助,幸福美满。还有一点,我的身体一直能保持得这样好,因为我从来没有自我摧残过。"

说到这,大家会意地笑了起来,为周副主席这番既风趣又富有哲理的话喝彩。周恩来最后又强调:"过去人们有一种错误认识,说结婚是爱情的坟墓。我们革命者认为:结婚是爱情的高级阶段,彼此了解更深,互相帮助更多,共同提高更快,对革命贡献更大。我认为凡是革命的伴侣,都要用新的观点来看结婚。我和小超结婚后,十多年来,是爱情的上升和发展。在家里,我们是夫妻关系;从革命和政党来讲,是战友关系、同志关系。"邓颖超听后补充说:"我们还是师生关系。"又加上了第四种关系。

叶剑英紧接着颇有诗意地评述道:"作之夫,作之友,作之师。相敬相爱,白头到老。"傅大庆钦佩而深情地望着周恩来和邓颖超:"胡公和超姐理应是当代夫妻的典范。"

作好随时牺牲的准备

一个小瓷盒的故事

> 她将绘有花鸟的精美小瓷盒郑重地交给老师，里面装有他的勋章和她母亲生前的手表。她沉重地说：如果我们牺牲了，它们就是我们留给老师的纪念。

　　全民族抗战进入相持阶段以后，国内的政治局势持续恶化，国民党顽固派制造的摩擦日益加剧。

　　1941年1月4日，新四军军部和直属部队九千余人奉命北调。1月6日，部队经过安徽泾县茂林地区时，突然遭到国民党军队七个师共八万多人的包围袭击。经过七天七夜的血战，终因弹尽粮绝，除两千人突围外，大部壮烈牺牲。军长叶挺被扣，

全民族抗战时期,周恩来和邓颖超在延安的合影

皖南事变后盛放过周恩来与邓颖超重要纪念物的瓷盒

副军长项英遇难。

震惊中外的皖南事变发生了。

形势十分严峻,考虑到中共中央南方局重要成员的安全,党中央发来急电:"恩来、剑英、必武、颖超及办事处、报馆重要干部于最短期间离渝。"周恩来和邓颖超等人都毅然决然地表示,在这样的关键时刻,绝不离开,一定坚持到最后。经过讨论,南方局决定保留少数必要人员,其他同志分散隐蔽、转移和撤退。

局势险恶,周恩来和邓颖超都作了最坏的思想准备:随时面临被捕。

在将工作中的文件进行处理后,邓颖超开始考虑自己和周恩来生活中的一些重要纪念品该存放到哪里。她想到了在重庆沙坪坝南开中学教书的伉乃如。

伉乃如是周恩来在南开学校就读时的化学教师,自周恩来中学时代开始,两人就建立起十分深厚的友谊,亦师亦友,情同手足。伉乃如曾多次冒着生命危险掩护周恩来,周恩来对他也十分信任。邓颖超将一个绘有花鸟图案的精美小瓷盒郑重地交给伉乃如,这个小瓷盒里面装有周恩来的几枚勋章和邓颖超母亲杨振德生前留给她的一块手表。

邓颖超郑重地说:"我和恩来随时有被捕的危险,请你代为收藏。如果我们牺牲了,它们就是我们留给老师的纪念。"

在之后的日子里,伉家不惧任何风险,精心保存着这个小瓷盒。直到1943年6月,邓颖超才取回纪念品,将小瓷盒留给伉家当作纪念。

这个小瓷盒折射出周恩来和邓颖超在极端困难时期无畏生死、随时准备牺牲的高尚气节,也见证了他们与朋友之间的深情厚谊,书写了一段人间佳话。

1942年的夏天

写满关爱的信件

他，因小肠疝气发作，在重庆歌乐山医院做手术。她，在信中说：'你一天比一天好起来，而且快出院了，我真快活！……情长纸短，还吻你万千！'

1942年6月下旬，周恩来因小肠疝气发作，在重庆歌乐山医院做手术，住院三周。邓颖超因在中共南方局驻地——红岩办事处照顾周恩来的父亲周劭纲，未能陪伴在丈夫身边。

重庆的夏季酷暑难耐，躺在病床上的周恩来寝食难安。7月1日，他给妻子邓颖超写了一封短信。

110　　情长纸短　吻你万千

全民族抗战时期,周恩来与邓颖超在重庆的合影

超:

　　告你一件事:线拆了,痛未止,所以未能出院。现在急需做个"兜子",非你莫办。尺寸你上次看见过了,需要将全部兜起来,并要有宽紧带。因为痛的地方,恐怕是血块未散,故须向上兜。其他办法都试过,均失败,只有求救于你。

　　夜半仍不能眠,非吗啡针不能入睡。

　　看到周恩来的信后,邓颖超心疼不已,第二天就带着亲手缝制的兜子去看望他。用上兜子后,周恩来的病情减轻了许多。这从 7 月 3 日他给邓颖超的信中可以看出："昨天你们走后，朦胧睡去，醒来已近黄昏……十时就寝，服安眠药两包……其后，王大夫至，甚称赞此兜子，而痛苦亦减轻。"在信的末尾，周恩来深情写道："望你珍摄，吻你万千！"

过了两天，7 月 5 日，邓颖超仍放心不下，又去医院看望周恩来。6 日，周恩来致信邓颖超，告诉她医院的护士"使长不二寸之小瓶悬之于壁上，而野外闲花，插入其中，藤萝两枝，蜿蜒于外；护士小姐更独出心裁，外加葡萄一串，垂于小瓶藤萝之间，相映成趣"。周恩来诙谐地说："此项病室点滴，乌可不记？又乌不告太太？"在信中他还与妻子商量给父亲过生日的事情。周恩来在信尾写道："病中说错了一句话，内疚无似。"最后他做打油诗一首，高度赞扬邓颖超："结婚十八载，至友兼爱妻；若云夫妇范，愧我未能齐！"

7 月 7 日，邓颖超致信周恩来，得知丈夫晚上睡眠好，不用吃药就能睡着，她"悬念着的心，如一释重负，而感到恬适轻松"！

信中，邓颖超敞开心扉，吐露自周恩来住院以来，对他的深深挂念："真的，自从你入院，我的

心身与精神，时时是在不安悬念如重石在压一样。特别是在前一周，焦虑更冲击着我心，所以，我就不自禁地热情地去看你，愿我能及时地关切着你的病状而能助你啊！"

周恩来的病情逐渐好起来，邓颖超感觉压在心头的一块大石头移开了。她在信中跟周恩来表达了这种欢愉心情：

现在，你一天比一天好起来，而且快出院了，我真快活！过去虽不应夸大说度日如年，但确觉得

重庆红岩村的八路军驻重庆办事处

一日之冗长沉重——假若我未曾去看你的话。我希望这几天更快地度过去,企望你,欢迎你如期出院。我想你一回来,我的心身内外负荷着的一块重石可以放下,得到解放一番,我将是怎样的快乐呢!

明天不来看你,也不打算再来,一心一意地在欢迎你回来,我已在开始整洁我们的房子迎接你了。

信尾,邓颖超同样深情写道:"情长纸短,还吻你万千!"

可以说,邓颖超的悉心呵护,给了病中周恩来很大的慰藉,对他的病情好转起了重要作用。

百善孝为先

一张泛黄的老照片

他父亲的病情不见好转,并急剧恶化,她不得不把公公的病情写信告诉了也在医院住院的他。第二天他回信,满纸浸透着对父亲浓浓的关爱。

1974年4月的一天,周秉钧去西花厅看望伯伯周恩来。周恩来跟侄子聊起了父亲周劭纲:"我对你爷爷一直抱着同情的心理。他为人老实,本事不大,一直做个小职员,一生的月工资没有超过20元钱。但他一辈子没有做过一件坏事,而且还掩护过我。"当时周秉钧并不知道周恩来已身患癌症,这应该是伯伯谈及自己父亲时的肺腑之言了!

周恩来9岁那年，其生母、养母先后去世，他的父亲周劭纲为了养家糊口，颠沛流离，从事小职员之类的职业，收入微薄。在社会底层挣扎的周劭纲不懂革命，但他相信儿子的眼光和选择。只是当时报纸上不断出现几千甚至上万大洋"悬赏"周恩来的字样，使他担心儿子的安全。

周恩来也惦念着父亲，但他无暇顾及自己的父亲。1937年国共两党第二次合作抗日后，周恩来在武汉有了合法的公开身份，生活相对稳定。1938年，周恩来写信邀请在天津的父亲到武汉与他一起生活。周劭纲毫不犹豫地立即南下，与儿子共同生活了四年多，直至病逝。

周恩来贴身携带的小皮夹

著名作家老舍在《抗战文艺》1938年第6期有一篇文章《会务报告》，其中谈到周劭纲到达武汉那天，周恩来正出席中华全国文艺界抗敌协会第二次理事会上的一些情景：

轮到周恩来先生说话了，他非常的高兴能与这么些文人坐在一处吃饭。不，不只是为吃饭而高兴，而是为大家能够这么亲密、这么协力同心地在一块工作。……最后他（眼中含着泪）说他"要失陪了，因为老父亲今晚10时到汉口。（大家鼓掌）暴敌使我们受了损失，遭了不幸，暴敌也使我的老父亲被迫南来。生死离合，全出于暴敌的侵略。生死离合，更增强了我们的团结！告辞了！"（掌声送他下楼）与会的人为他真挚的父子之情而鼓掌，也为他们父子团聚而鼓掌。

1938年12月，周恩来转至陪都重庆，周劭纲也随之来此。1942年7月6日，周劭纲突患疟疾，尽管邓颖超床前细心照顾，但周劭纲的病情不见好转，并急剧恶化。7月9日，邓颖超不得不把公公的病情写信告诉了也在医院住院的周恩来。第二天周恩来回信，满纸浸透着对父亲浓浓的关爱：

爹爹的病状，除疟疾外，还宜注意他的年事已高，体力虽好，但他过分喜欢饮酒，难免没有内亏。所以主治他的办法，必须先清内火，消积食，安睡眠。东西愈少吃愈好，吃的东西亦须注意消化与营养，如牛乳、豆浆、米汤、饼干之类，挂面万不可吃。假使热再不退，大便又不通，则宜进行清胃灌肠，勿专当疟疾医。

……

我对他的病，不很放心，望你转禀他好望静养，我在这里默祷他的康宁，不专门去信给他了。

不幸的是，7月10日，周劭纲病逝。邓颖超怕影响周恩来的治疗，暂时没有告诉他父亲去世的消息。7月12日下午，在医院的周恩来听闻报童说他的父亲去世了，不顾自己身体状况决定提前出院。7月13日，他回到红岩办事处，得知父亲已去世三天，对邓颖超大发雷霆："老爷子去世这么大的事你为什么要瞒着我？你跟我这么多年还不知道我？"邓颖超十分理解周恩来，默默地没有说话。

这一夜，周恩来执意为父亲守灵，直至东方欲晓。7月15日，《新华日报》的广告栏登载周恩来、

118　情长纸短　吻你万千

邓颖超为父亲撰写的讣告,其中写道:"悲痛之极,抱恨终天。"

  周恩来在国民党统治区工作,环境险恶,如果携带公文包行动,目标太大,只好把党的重要文件放在一个小黑皮夹里。这个小皮夹周恩来一直带在身上,直至新中国成立后他才存放在保险柜里。皮夹里有一张周劭纲去世前几个月的照片,泛黄的照片背面写有周恩来亲笔题写的四个字——"爹爹遗像"。他想告诉父亲:虽然生离死别之时他们父子没有见上最后一面,但他心里是永远想念父亲的。

寸草春晖

母亲的影响和关怀

他们在五四运动中相识,在日后的革命斗争中相知、相爱。她的妈妈全力支持他们的革命工作,帮助他们度过了很多艰苦时光。他们对老人十分敬重。

邓颖超1904年2月4日出生在广西南宁。母亲杨振德是湖南长沙人,幼时随家人来到广西。杨振德的父亲思想开明,反对旧习俗,从小教她读书识字,学习中医。这种家庭环境,使她从小就萌生了寻自由、求解放的思想。杨振德14岁的时候,父母相继去世。这个时候的中国正处于国势日弱、民生凋敝的境地,漂泊异乡的杨振德依靠行医独立

谋生。后经媒妁之言,杨振德成为镇台邓廷忠的夫人。婚后的杨振德并未沉溺于荣华富贵,她仍旧继续钻研中医医术,给当地群众义务看病。

由于邓廷忠有重男轻女的思想,邓颖超刚出生,他就要将女儿送给别人,这让杨振德难以接受。她跑到厨房拿起一把菜刀,决定豁出性命进行抗争。邓廷忠最终退让了。

邓廷忠在邓颖超3岁那年被流放至新疆,未待返乡便患病身故。从此,年幼的邓颖超和母亲相依度日。母女俩一路颠沛流离,途经广东、上海,于1910年底到达天津。精通中医的杨振德在长芦育婴堂谋得一个职位,母女俩食宿于此,勉强维持生活。第二年初,刚满7岁的邓颖超为了减轻母亲的压力,在育婴堂创办的编织所里学织毛巾,补贴家用。杨振德非常重视对邓颖超的教育,在做工的间隙,教女儿学文化。在母亲的言传身教中,年幼的邓颖超认识到女子必须自强自立。

1913年初,邓颖超随母亲到北京平民学校,插班上三年级,母亲则在该校担任教师。平民学校解散后,母女俩回到天津。邓颖超跟随母亲接触了不少教育界的爱国进步人士,思想和眼界进一步开阔。

1919年,邓颖超和周恩来在五四运动中相识,

1938年，邓颖超和母亲杨振德的合影

周恩来和邓颖超在杨振德墓前的合影

在日后的革命斗争中相知、相爱。杨振德全力支持他们的革命工作,帮助他们度过了很多艰苦时光。

1935年邓颖超跟随红军主力北上抗日,不得不与母亲分离。杨振德留在江西,在向地方转移时不幸被捕。面对敌人的威逼利诱,杨振德没有屈服,被囚禁了两年才与女儿重逢。

1940年4月,杨振德在给女儿和女婿的一封家书中写道:

> 我和老太爷一切如恒,均安适。可放心勿念。惟生活程度,较去年上半年,粮物一切,价昂二三倍以上。此地民风,皆习惯勤劳,十之八九,均可自食其力。虽感生活太高之苦,但地方民情,尚称安静……

信里提到的"老太爷"是周恩来的父亲。这封家书字里行间体现了一位母亲的坚强。

两年的牢狱生活及坎坷奔波的经历使杨振德的身体越来越虚弱,最终在1940年病逝,结束了刚毅奋进的一生。

每当邓颖超回忆起母亲时都会说:

我妈妈是一位平凡的妇女、慈祥的母亲,她的一生是很曲折坎坷流离的一生。她具有独特的性格,反对一切封建习俗,追求进步,向往大同世界,有助人为乐的精神。自强自立,勤奋阅读,深研医术。她对我的教育和影响是起了很好的作用的。

邓颖超的母亲,是一位伟大的母亲。她抚养女儿成长,支持女儿走上革命道路,协助女儿、女婿所从事的革命事业,对中国革命作出了特殊的贡献。周恩来和邓颖超都很敬重她。

送给新人的爱情经验

祝福范长江、沈谱结婚的信

他亲临婚礼现场，表示祝贺。

她专门写了一封贺信，托他带给新人，提出了应努力的"五互"，这正是他们爱情的经验总结。

全民族抗战时期，著名爱国民主人士沈钧儒的女儿沈谱在重庆工作，是位造纸工程师。她在邓颖超的直接领导下从事党的秘密工作，邓颖超是她的单线联系人。著名报人范长江是秘密党员，周恩来是他的单线联系人。当时，范长江、沈谱正在谈恋爱，分别向周恩来和邓颖超汇报工作后，提出结婚申请，由周恩来和邓颖超报请组织批准。结婚后，沈谱、范长江互通了共产党员身份。"文化大革命"结束后，一次沈谱去看望邓颖超，邓颖超跟她开玩笑："沈谱，你犯了一个错误，你还记得吗？你一结婚就告诉了长江你是共产党员。"沈谱不禁莞尔一笑。

1940年12月10日，是沈谱和范长江结婚的日子。周恩来亲临沈钧儒寓所，对他的女儿沈谱新婚大喜表示祝贺。周恩来与沈钧儒先生常有来往，他非常尊重沈老，称之为"民主人士左派的旗帜"。周恩来说："我和大姐向你们二位新人表示热烈地祝贺！"

那天正值严冬，周围暗探和特务横行，政治空气十分紧张。但寓所内热闹非凡，笑语盈盈。在这么重要的场合，怎么缺少了邓颖超的身影呢？原来她生病了，留在乡间疗养，未能前来参加婚礼。但邓颖超考虑问题很周全，专门写了一封贺信，委托周恩来带给两位新人。信中，她向这对新人提出了应努力的"五互"，这"五互"正是邓颖超和周恩来爱情的经验总结：

敬祝你俩新婚快乐！今后共同生活，在恋爱与事业交织中，更加活跃与丰富，善处益巩固！坦白

1940年12月10日，沈钧儒（左二）同女儿沈谱（左一）、女婿范长江（右二）在重庆的合影

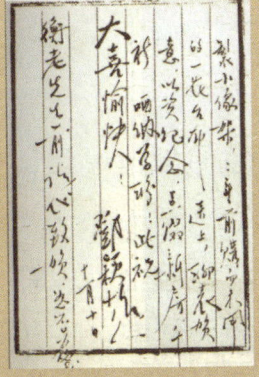
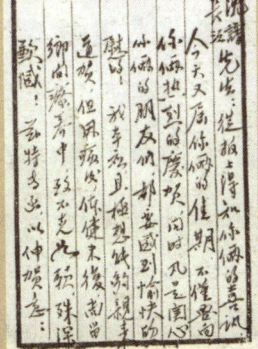

1940年12月10日邓颖超致沈谱、范长江的信

真诚，互助、互勉、互信、互谅、互慰，相爱始终！

临近结婚之际，沈谱和范长江在报上登载《结婚启事》，其中写道："新旧仪式，一概从删。"所以，他们的婚礼很简单，没有酒菜筵席，桌上摆的只是糖果、糕点之类。虽然没有隆重的仪式，但主客众人谈笑风生，宾客们送来了礼物，如冯玉祥和于右任的贺联，黄炎培、王昆仑、郭沫若等的贺诗，周恩来题写"同心同德"贺词。

邓颖超充分尊重两位新人的意愿，也让周恩来带来了贺礼，她在信中写道：

再依照你俩的愿望，在不损物资的条件下，将手头现存的两件微物——苏联乌拉山石制小像架、二年前购而未用的一花台布送上，聊表贺意，以资纪念，点缀新房，千祈哂纳为盼！

两件物品虽小，但承载着邓颖超的深情厚谊，顿使新房增添了不少光彩。

按照从简的原则，沈谱和范长江穿着俭朴，都是蓝大褂。民主人士李公朴带来两朵大红花，一边给两位新人戴花，一边对他们说："你们两个都穿

着蓝大褂,与周围人一样,简直认不出谁是新郎新娘,谁是客人了。"博得大家一片欢声笑语。

这天,沈钧儒胸襟上缀着一朵花,笑容在他的长髯上浮漾。他那常见的忧时虑世的脸上,也展现出特别的风采。这不仅因为爱女的婚姻大事落定,而且因为他毕生奋斗的事业,从今天起有了"乘龙快婿"的加入,将获得忠诚的合作与传承。

"乐天"家族

一张生动有趣的墙报

逗孩子几乎成了他们繁重紧张工作之余的唯一放松,他们给孩子取名"小乐天",她则自称"大乐天",他写了一首打油诗,自称"赛乐天"。

全民族抗战时期,荣高棠担任中共中央南方局组织部秘书。他的儿子荣伟民出生在重庆红岩,孩子不仅长得眉清目秀,而且特别爱笑。当时担任中共中央南方局书记的周恩来与荣高棠一家住对门,周恩来、邓颖超工作之余休息的时候,常常过去抱孩子玩一会儿。孩子牙牙学语,一笑露出一对小门牙,整天逗得人开心快乐。每天逗孩子,几乎成了

情长纸短　吻你万千

周恩来、邓颖超繁重、紧张工作之余的唯一放松。时间长了,感情自然积累得很深。

  周恩来和邓颖超见孩子很少啼哭,就给他取名"小乐天"。邓颖超自称"大乐天"。每当邓颖超通过茂林修竹夹映着的山石小路走向办事处的楼房时,小乐天总是在石阶上一边喊"大乐妈",一边蹒跚地跑向邓颖超,邓颖超便一下子把他抱在怀里。一次,这样的情景被当时在南方局负责机要工作的童小鹏拍了下来。南方局的同志们高兴地把这张照片叫作"双乐天图"。

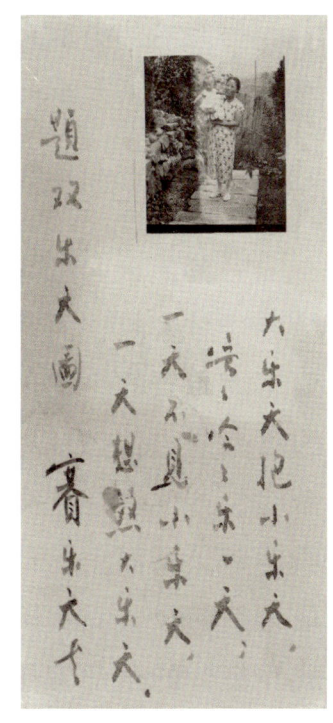

周恩来为"双乐天图"题诗

  一天,南方局的墙报上刊登出一幅邓颖超抱着小乐天的照片。照片旁还附了一首周恩来亲笔写的打油诗:

    大乐天抱小乐天,
    嘻嘻哈哈乐一天;

一天不见小乐天，
一天想煞大乐天。

题双乐天图　赛乐天题

"赛乐天"是周恩来的自称。周恩来的题诗，绝非一时兴起，而是他内心的乐观向上和对革命事业充满希望的生动表露。对于为了共同理想而斗争的革命同志情谊，周恩来看得比什么都重；对待革命后代，他更是无微不至地关怀和爱护，寄予了殷殷期望。画面上、诗句中的"大乐天""小乐天"虽然是两个人，实际上是对红岩整个"乐天"家族战斗集体的生动写照；"嘻嘻哈哈乐一天"，表明在这个战斗集体里从早到晚充满着革命的欢乐、斗争的幸福。

这份风趣盎然的墙报，引来一阵阵欢笑，使大家的生活又增添了一份活泼愉快的气息。

当时，南方局所处的环境非常险恶，对敌斗争十分尖锐复杂。红岩村周围，布满了国民党特务密探，意外随时可能发生……

周恩来和邓颖超在当时那种险恶的环境里，始终充满着革命乐观主义精神。这种精神感染着身边的每个人。

"我可想你得太"

分别的思念

他飞赴重庆,她则留在延安,将自己的思念化作一行行清秀的墨迹,无限的关切变成娟秀的文字跃然纸上。

1944年11月10日,周恩来与美国总统特使赫尔利、美军观察组组长包瑞德飞赴重庆,同国民党政府谈判建立联合政府的问题。而邓颖超则留在延安,在中央党校一部即中央党校高级干部学习班第三支部参加学习。这是他们夫妻在延安相依相伴一年多之后的第一次别离。

1943年，周恩来和邓颖超在延安的合影

1944年，周恩来和邓颖超在延安的合影

你走了,似乎把我的心情和精神亦带走了!我人在延安,心则向往着重庆……

这是身在延安枣园的邓颖超在周恩来离开三天后,写给周恩来信中的一句话。不知底细的人乍看到这思恋殷殷的书信,一定以为周恩来已经走了很长时间,才惹起邓颖超这般相思。

自从周恩来赴重庆后,白天仍然到中央党校学习的邓颖超生活过得忙碌而充实。但每天学习结束后,当她一个人回到窑洞时,却倍感清冷、寂寥。虽然与邓颖超情同姐妹的蔡畅及关系融融的聂荣臻和张瑞华夫妇、彭德怀和浦安修夫妇等人常来看望她,仍不能消减她对周恩来的思恋。万籁俱寂,长夜难寐。邓颖超索性起身伏案,将自己的思念化作一行行清秀的墨迹。

来:

你走了三天了,我可想你得太!这回分别不比往回,并非惜别深深,而是思恋殷殷!这回我们是在愈益热爱中分别的,何况在我还有歉意缭绕心头呢!我真想你得太!……你到渝后,如果有信给朋友,你如愿如约给我转的话,我真心愿意做一个和平贤淑的使者——现代的"红娘",你以为如何?深深地吻你!轻轻吻你!

1944年11月18日,是周恩来赴重庆的第八天,恰逢星期六,邓颖超又情不自禁地提笔向最亲爱的人倾诉衷肠:

来:

今天又是星期六了。自从你走后,跳舞就有些不景气,今天索性停舞了。人们都纷纷忙着选模范工作者了。然而养病悠闲的人,想念着情侣,格外感觉到寂寞!

令邓颖超感到孤寂的原因,还因为这天正是她母亲逝世四周年忌日。邓颖超母亲逝世时,周恩来始终陪伴在邓颖超的身边,并认真听她宣读了"我一定坚守母教"的誓言。想到无比刚强的妈妈,邓颖超接着写下去:

特别是今天适值妈妈逝世四周年忌,更受哀思的激动,我曾默念地纪念了她,但我却又从多方地排除我之伤感。因为伤感是徒然无用的,尤其是刚

强奋斗的妈妈,并不希望她的女儿是伤感的,我应该是现实生活中的战士啊!你说对吗?

可是,这次周恩来已经离开延安八日,为何音信皆无?凭着她多年的革命斗争经验,她猜测周恩来一定困难重重,于是,无限的关切变成几行娟秀的文字跃然纸上:

你离延已八日,怎么消息异常之少?诸人都常道及!是否无事可报?还是一改作风?抑系个中曲折甚多,尚有所待?总之,消息少了,殊引起人闷念也!

11月20日,夜幕徐徐降临,忙碌了一天的邓颖超应邀到鲁艺去看"前线"的演出。看到第四场中战壕里一个士兵朗诵妻子给他的信时,引起邓颖超的共鸣,眼前浮现出周恩来那儒雅的身影,直到第二天晚上,她的心还久久不能平静。尤其当邓颖超知道国民党政府一方面佯装同中共谈判建立联合政府,另一方面却调兵遣将围攻解放区时,她更为周恩来的处境担忧。

11月21日晚,她在给周恩来的信中写道:

刚才看到国府内部调动电令,我是这样十数字的简评:孤家寡人,一意孤行,我行我素,敷衍拖的方针办法,以不变应万变。又一次证明其死顽固性也。局势如此,你作何打算?还是乘机回延罢!何必在彼受冷漠,被将军呢!我愿望着很快的见到你、欢迎你!

邓颖超情深意长的来信深深地打动了周恩来,然而,他面临的谈判斗争困难重重,只能加倍努力,尽全力在各方势力之间周旋,将自己的满腔深情融入对民族、国家和人民的大爱之中。

梅园新村

为争取国内和平而战

面对危险的局势,他们云淡风轻、泰然处之。根据工作需要,他负总责兼外交事务委员会书记,她领导群众工作委员会,负责工运、青年和妇女工作。

1946年5月,国民政府还都南京。按照中共中央和毛泽东的部署,周恩来离开陪都重庆,继续同国民党政府代表在南京进行谈判。

1946年4月底,离开重庆前夕,周恩来在与文化界人士告别的茶会上动情地说:

差不多十年了,我一直为团结谈商而奔走渝、

1946年5月,邓颖超到南京,负责中共南京局的工运、青年、妇女工作。这是她和周恩来在中共代表团驻地南京梅园新村的合影

延之间。谈判耗去了我现有生命的五分之一,我已经谈老了!多少为民主事业努力的朋友却在这样长期的谈判中走向监狱,走向放逐,走向死亡……民主事业的进程是多么艰难啊!我虽然将近五十之年了,但不敢自馁,我们一定要走完这最后而最艰苦的一段路!

带着这样的感慨,1946年5月3日,周恩来率领中共代表团进驻南京梅园新村17号、30号、35号。

周恩来和邓颖超住在梅园新村30号。这是一个

1946年,周恩来和邓颖超在梅园新村的合影

占地面积四百多平方米、被灰色的矮围墙包裹的院落,西式牌楼。院内的主体建筑朝南,为欧美风格,是一层带阁楼的红瓦青砖房,坡面屋顶。主建筑是周恩来、邓颖超办公和居住的地方,也是对外接待的主要场所,设有会客室、办公室、卧室、餐室等,他们住房上面的阁楼房间是机要科和秘书科等重要机构办公地。

中共代表团入驻梅园新村不久,国民政府警察厅为了便于监视和控制,要求代表团的每位成员、工作人员及家属都必须登记、备案。在保存下来的户口卡上,户主一栏内填写的都是周恩来。警察厅还在代表团驻地周围不到100米的范围内,设立了十多个监视点。摩托车、吉普车等就停在附近的街头巷尾,特务、警察伪装成三轮车夫、修鞋匠、乞丐、报贩,日夜在周边活动,随时准备对中共代表团人员盯梢跟踪。正如郭沫若在《梅园新村之行》一文中写道:

梅园新村的名字很好听,大有诗的意味。然而实地的情形却和名称完全两样。不仅没有梅花的园子,也不自成村落。这是和《百家姓》一样的散文中的散文。街道是崎岖不平,听说特种任务的机关林立,仿佛在空气里面四处都闪耀着狼犬那样的眼睛、眼睛、眼睛。

周恩来和邓颖超面对危险的局势,云淡风轻、泰然处之。根据工作需要,周恩来负总责兼外交事务委员会书记,邓颖超领导群众工作委员会,负责工运、青年和妇女工作。代表团的成员和家属们受到他们的感染,也是临危不惧、有条不紊地进行各项工作。

中共代表团进驻梅园新村的时候,正是国民党重兵围困中原解放区之时,内战一触即发。为了实现国内和平,周恩来不顾个人安危,代表中国共产党与国民党政府进行谈判,耗尽心力。

1946年11月16日,周恩来在南京召开中外记者招待会,痛斥国民党关闭了和平谈判大门,宣布中共代表团即将撤回延安,并满怀信心地表示:南京,我们是一定要回来的!11月19日,周恩来率中共代表团李维汉、邓颖超等十余人飞返延安。

虽然周恩来和邓颖超在梅园新村居住时间不长,但他们坚定执行党中央的指示,机智、从容地在国民党统治区广泛领导和开展爱国民主运动,揭露了蒋介石假和平、真内战的阴谋,争取朋友、教育人民,对加速解放战争的胜利和迎接新中国的诞生作出了重要贡献。

新的跋涉

转战陕北的日子

当时处境非常危险,善解人意的他与她的心息息相通。他将自己的行程和近况写信告知她,字里行间充满了关爱和牵挂。

1947年3月,蒋介石集中兵力进攻延安和陕甘宁边区,周恩来随党中央离开延安,踏上转战陕北的征途,而邓颖超则于3月16日同康克清一起带领中央机关家属队撤离延安。

家属队中包括刘少奇的两个孩子,以及王明、王若飞、陆定一的爱人和孩子,还有几位老同志。带领这支家属队转移的担子是很重的,为确保安全,

刘少奇专门指示给每位大姐配一名警卫员和一头牲口。当时,邓颖超身患心脏病,脸和腿都浮肿着。周恩来非常担心她的身体和他们一路的安全,特意将自己身边的警卫员成元功调到邓颖超身边,并嘱咐成元功说:"大姐身体有病,你要多帮助她。"

为了避开敌人的轰炸,邓颖超一行只能在下午3点以后出发,中央办公厅特意派卡车将他们护送至黄河边。在过黄河前,毛泽东的女儿李讷也加入了这支队伍,被托交给邓颖超代为照管。李讷给邓颖超捎来了周恩来写给她的一封短信:

小超:

  今晚李讷小侉子去后方,我托她带一封信给你,问你好。延安天天来飞机,但是一个人也没有打死。大家在此都很好,望你们放心。

周恩来
三月十七日

信中提到的"小侉子"正是李讷。在这战火纷飞的岁月,看到亲人的来信,邓颖超说不出有多高兴。她自从率队撤离延安后,内心一刻也没有停止对毛泽东、周恩来等中央领导同志的惦念。

1947年春,周恩来与邓颖超离开延安前的合影

1947年,周恩来与邓颖超在延安的合影

当时,毛泽东和周恩来等人的处境非常危险,延安上空敌机肆虐,几乎每天都会投下许多炸弹。善解人意的周恩来与邓颖超的心息息相通,他仿佛猜透了妻子的心思,在信上特别提到:"延安天天来飞机,但是一个人也没有打死。"这十七个字虽然普通,但对邓颖超却十分重要,让她放心了许多。

3月18日傍晚,毛泽东、周恩来等人从容撤离延安。25日,周恩来到达子长县王家坪。为了让妻子尽快适应目前的战争环境,周恩来再次致信邓颖超,将自己的行程和近况告知妻子,并嘱咐她"目前阶段是长期内战,一切都要精简,望你本此方针处事处人","你如路遇自己的行李,得便时仍可精简一些",字里行间充满了对妻子的关爱和牵挂,给正在山西待命的邓颖超以极大的安慰。

"对月怀人"

1947年的中秋

八月中秋，日近黄昏，月已东升……他在陕北转战途中，她在晋察冀边区搞土地改革。望着皎洁的明月，他思念起远在平山县的她，提笔写下文笔优雅、情意绵绵的信。

1947年4月，邓颖超随中央后方工作委员会转移到山西省临县三交镇，担任中共中央后方工作委员会委员，7月到9月，又到河北省平山县西柏坡参加全国土地会议。此时，周恩来跟随毛泽东在陕北转战途中，一边牵制住蒋介石的主力精锐，一边指挥着人民解放战争的战略行动。

这一次，周恩来和邓颖超已经分别半年多了。

此前,邓颖超曾几次致信周恩来,向他倾诉自己在土地工作中的收获和感触。9月29日,恰逢中秋佳节,毛泽东、周恩来等请战士们席地而坐,一起品尝着后勤人员千方百计弄来的月饼和葡萄,享受难得的休息时光。望着皎洁的明月,周恩来思念起远在平山县的妻子,提笔给邓颖超写下了一封文笔优雅、情意绵绵的信:

今天是八月中秋,日近黄昏,月已东升,坐在一排石窑洞中的我,正好修写家书寄远人。……山居过节,居然也吃到两块月饼,几串葡萄。对月怀人,不知滹沱河畔有无月色可览,有无人在感想?假使你正在作农村访问,那你一定是忙着和农家姑嫂姊妹谈心拉话;假使你正在准备下乡的材料,那你或有可能与中工委一起过一个农村秋节。不管怎样,一切话题总离不开土地改革和前线胜利。九个年头了,似乎我们都是在一起过中秋的,这次分开,反显得比抗战头两年的分开大有不同。

…………

周恩来所说的"抗战头两年的分开",一次指1937年9月周恩来奉命到山西部署八路军出师作

1947年,毛泽东、周恩来、任弼时等在转战陕北途中

战,与妻子曾在中秋佳节前别离;另一次指1938年9月至10月,周恩来从武汉赴延安参加中共中央六届六中全会,夫妻再次异地度中秋。除这两次之外,他们夫妻近十年都是在一起过的中秋,所以

1948年夏,周恩来和邓颖超在西柏坡的留影

这次分别显得尤为特殊,但他们并没有沉溺于分离的忧伤中,而是都"在为人民服务上得到了更真切的安慰"。

在倾诉思念之情的同时,周恩来不忘鼓励邓颖超学习农民身上健美、淳朴、坚强的优良品质。周恩来非常了解邓颖超,知道邓颖超在农村工作方面还缺乏经验,对农民的生活还缺乏必要的了解,因此鼓励邓颖超深入基层,并对邓颖超提出的土改工作中的疑难问题给予启发和指导。

这封信辗转托人送到邓颖超手中时,她正在晋察冀边区搞土地改革,和秘书陈楚平住在一位老乡家里。陈楚平开玩笑说:"大姐的情书来啦!"邓颖超看过信后,诙谐地说:"什么情书,是形势报告。不信你看!"她大大方方地把信递给陈楚平。陈楚平指着信中的几个字,调皮地说:"这不是有'对月怀人'吗?落款处还特地写明了是旧历中秋写的哩!"

邓颖超看着周恩来的信,内心充满欣慰,已经半个月没有收到他的信了,这封信的到来缓解了自己的忧心和惦念之情,尤其高兴的是,周恩来对自己的工作表示了极大的支持和鼓励,并给出了良好的建议。

这封信,让邓颖超感到异常温暖和贴心。

解疑答惑

1947年岁末前后

这是他们十年间唯一一次分开过年,她毫无睡意,思绪飞到了他身边,提笔写信,诉说思念之情和工作中的疑问。他忙里抽闲,接连回了两封长信,解答她遇到的所有难题。

1947年11月,邓颖超到河北省阜平县二区细沟村参加土地改革。她所面临的形势错综复杂,开展工作十分艰难。为此,她接二连三地给周恩来写信,特别想听一听他的意见。

12月31日,正是阳历的"除夕"。邓颖超和二区区委的同志们开完会后,又趁着夜色,到几户贫农家里走访,回到住处时已近深夜。此前的九年,邓颖

1948年,周恩来和邓颖超在西柏坡的留影

超都是和周恩来一起共度"除夕"之夜的,这一次,是他们十年间唯一一次分开过年。在同志们都已酣然入梦、万籁俱寂之时,邓颖超却毫无睡意,思绪穿越万水千山,飞到了遥远的西北,飞到了周恩来身边。她坐在屋子里唯一的一张小木桌前,提笔给周恩来写信,诉说自己的思念之情和工作中的疑问。

鸾:

现在正是一九四七年的岁末——除夕之夜,明晨就要进入一九四八年的岁首——新年元旦。抗战以来,整十个年头,有九次我们都是在一起度过新年的。今年的过年,你在西北,我在华北,除了相互的遥念默想外,你那儿过年的情景大概和往年差不多,而我呢,却与往年大不同了。我正在河北接近平原的一个农村里做土改工作,今天各□^①域工作的同志正回到区委来汇报,我和他们在一起开会过除夕。晚饭后,乘着会议休息的时间,走到几家贫农家里去串门,看看他们各家过年的情景。放在我面前的事实,说明着几千年来旧的风俗习惯仍然是根深蒂固,阳历新年在农村民间没有发生多少的影响,虽然是老的解放区。只有在这个村里的一间公家香烟厂,从吃饺子、放一天假,即是过新年的象征了。

　　除了对周恩来的思念,邓颖超心中还有许多疑问要向周恩来倾诉。在信中,她详细介绍了自己所工作的两个村的具体情况、历史纠葛、宗派问题等,希望周恩来能给予自己一些好的建议。不过,面对这些困难,邓颖超也并未畏缩不前,她向周恩来介绍了正在逐步打开工作局面的情况,表达了自己工作中的一些感悟。她在信的结尾处写道:"夜已深,冬季的寒风正在怒吼,冲淡着寂静,鼓励着人们前进的勇气。用热情和默念祝你除夕快乐、新年健康!"

---

① 此处手稿的字迹辨认不清。

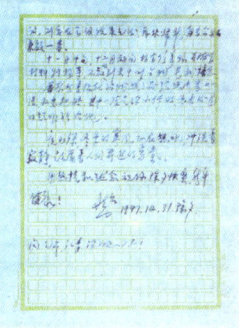

1947年12月31日，邓颖超致周恩来的信

接到邓颖超信的时候，周恩来正在杨家沟参加中共中央扩大会议，同时依据中共中央在新时期的行动纲领，配合毛泽东进行作战部署。虽然他深知邓颖超非常希望早日收到他的回信，但异常繁忙的工作使他完全没有时间给邓颖超复信。直到1948年2月2日这天，陈毅奉命到各地传达西北高干会议精神，也会到邓颖超工作的地方，周恩来忙里抽闲，给邓颖超回了一封长信，请陈毅带给她。信中针对她提出的问题指出："在这里，有两个观念

束缚住你,一个是一切要以土改平分为中心,另一个是撤换坏干,搬开石头。"信中还分析了土改中面临的三种区域类型,需要采取三种不同的政策。周恩来建议邓颖超"在此种情况下,必须考虑转变斗争中心为整党、整干使党内民主与群众民主相结合",同时介绍了冯文彬领导的平山县委在实践中摸索出来的一套新办法。2月9日,农历除夕之夜,周恩来想到上一封信写得过于匆忙,对邓颖超提出的几个问题还有一些没说清的地方,便又提笔,再次给邓颖超写信,从政治、经济、土地所有关系等方面详细分析了两个村子所存在的问题,并提出了自己的意见。信中强调:"我与你的信,是想到哪里写到哪里的,只能作你的研讨之用,不带丝毫指导性,望勿在工作团中以我的意见提出,因容易生出影响,反倒不好。"

邓颖超接连收到周恩来寄来的两封长信,解答了她遇到的所有难题。想到周恩来在如此繁忙的工作中还分心挂念着自己,邓颖超感到特别温暖。她对周恩来的信字斟句酌,开启了新的工作思路,并结合阜平县细沟村的具体情况,在进行土地改革的同时进一步发动了整党、整干工作,取得了良好的效果。

156　情长纸短　吻你万千

重任

邀请宋庆龄北上

鸾凤和鸣,铿铿其声。重回故地,她格外思念远在北平的他,他们在不同的战线上共担重任,她希望他能够保持健康的体魄。

1949年6月29日晚,一辆列车缓缓驶入上海火车站,邓颖超等人走下火车,赶往宋庆龄的寓所。

此前,新政治协商会议筹备会第一次全体会议于6月15日至19日在北平胜利召开,中华人民共和国即将诞生。中共中央希望具有重大影响力的孙中山夫人宋庆龄能够来北平共商建国大计。为此,毛泽东和周恩来决定派一位特使去上海迎请宋庆

1949年3月,周恩来和邓颖超在北平中南海颐年堂的合影

龄。这个重任落在了邓颖超身上。

邓颖超和宋庆龄 1924 年初见于天津码头,大革命中相交于广州,抗日战争和解放战争中又先后在武汉、重庆和上海等地多番往来,情谊长达二十余年。这次会见,二人谈到分别后的许多事情,感慨万分。邓颖超将毛泽东和周恩来写给宋庆龄的亲笔信交给她,诚恳地邀请她北上共商建国大计,还向她介绍了这几年中国妇女运动取得的划时代的成就,以及新政协筹备会的情况。她们尽情交流着中国大地上发生的翻天覆地的变化,宋庆龄深受触动。

宋庆龄深知这两封亲笔信的分量,她看到了新中国的曙光,看到了中国人民的希望,认识到,只有中国共产党才能实现中国的独立、自由、平等和人民的幸福,她和孙中山孜孜以求一生的事业终将圆满。宋庆龄犹豫的原因是,孙中山在北平逝世,那里是她一辈子的伤心地,她要仔细想想,再想想。

邓颖超在上海留了下来,一待就是两个月。除了和宋庆龄不断沟通交流外,邓颖超还抓紧空闲时间去医院看病。

20 世纪 30 年代初期,周恩来和邓颖超曾在上海一起从事地下工作。这次重回故地,邓颖超格外思念远在北平的周恩来。

7月14日，邓颖超给周恩来写信说："别来不过几日事，但每动想你之情，则又觉时日长哩！不知忙人如你，感觉如何？"她一直关心着周恩来的身体，而且她深知，同样重任在身的周恩来，在这样改天换地的岁月中，为筹建崭新的国家，必然是殚精竭虑、日夜操劳，而且未来还有更多的工作等待着他去做。因此，她希望周恩来能够保持健康的体魄。信中嘱咐："你是否能早睡一些？睡眠、生活调节，对人的健康很重要。……我希望你在身体保健上，能有自觉和预见，千祈勿犯狭隘的经验主义啊！工作上犯了错误尚可改正，但健康失去是不再来的！"这样的规劝，是她作为妻子提出的，更是从一位深切体会到病痛困扰的病人角度出发的，真诚而热切。

在这封信中，邓颖超称周恩来为"鸾"，落款为"凤"。"大鸾"是周恩来的乳名，"凤"则是周恩来对邓颖超的爱称，这样呼应的称谓，是他们书信中常见的小心思，也代表了这两位革命家之间独有的浪漫。

邓颖超惦念的不只是周恩来，还有党和人民的事业。她看到连日阴雨，"颇感不安"，担心河水暴涨、洪水侵袭，人民受难。她还为不能在北平参加文艺

界人士的盛会而感到遗憾。

周恩来和邓颖超都热爱文艺事业。令她欣慰的是，她在上海观看了越剧演员袁雪芬的精彩演出，又受邀观看了苏联影片《西伯利亚交响曲》。在她看来，这部影片"表现了青年一代的爱情与事业的结合，又表现了其爱情之热烈、深长、坚定，……努力于事业的成就，不强人之爱而爱，不防人之爱而爱"。她强烈推荐周恩来也观看这部片子。邓颖超之所以对这部片子有这样高的评价，是因为片中反映的爱情观，与周恩来、邓颖超伉俪的爱情生活有异曲同工之处。

7月19日下午，远在北平的周恩来收到了邓颖超的这封来信。他盼望妻子的来信已经很久了，虽然正要外出工作，仍急忙抽出一点时间，给妻子回信。得知邓颖超能够抽空去治疗，他非常高兴，看到妻子对自己的牵挂，他表示自己"精神身体都好"。也许是心有灵犀一点通，就在邓颖超观看《西伯利亚交响曲》那晚，周恩来在北平观看了前南斯拉夫影片《桥》。他在信中告诉邓颖超："不知是否同一晚。我那天一直看到天明才回。"深知妻子急盼自己的回音，周恩来特意请即将赴上海开会的陈云将回信捎给邓颖超。

邓颖超与宋庆龄（右四）、廖梦醒（右三）等在上海的留影

中共领导人的盛情和真诚，使宋庆龄最终下定决心，随邓颖超北上。8月28日，宋庆龄到达北平，毛泽东、周恩来等人亲自到火车站迎接她。之后，宋庆龄当选中华人民共和国中央人民政府副主席，为建设新中国贡献自己的智慧和力量。

鸾凤和鸣，铿铿其声。周恩来和邓颖超经常面对分隔两地的生活，彼此挂念，但都保持着昂扬的斗志，在不同的战线上共担重任，为新中国的诞生和建设贡献自己的一切。

"这颇像你我的女儿"

关怀孙炳文烈士遗孤

> "你就当我们的女儿吧。"
>
> 他们对烈士的女儿视如己出,虽不是亲生女儿,却胜似亲生女儿。
>
> 他曾致信她,谈到女儿的长进,喜悦之情跃然纸上。

"呜呜呜,呜呜呜,我就是要去延安嘛……"

1938年的一天,武汉八路军办事处门前来了兄妹俩,其中一个十六七岁的女孩子哭嚷着要去延安。办事处的工作人员安慰道:"小妹妹,别哭了,快回家吧!"正在这时,周恩来从外面回来,目睹了这一幕,便上前询问。原来,这兄妹俩是好友孙炳文烈士的儿子孙宁世和女儿孙维世。

20 世纪 20 年代，周恩来和孙炳文在旅欧期间结下了深厚的革命情谊，后来两人相继回国，又共同在一起工作。1927 年蒋介石在上海发动四一二反革命政变，孙炳文不幸被捕，惨遭腰斩，壮烈牺牲。

得知孙炳文牺牲的消息，周恩来和邓颖超异常悲痛。他们虽然处境异常危险，一直四处打听孙炳文的妻子任锐及其子女的下落。由于任锐带着孩子们东躲西藏，周恩来夫妇始终未能与她联系上。

没想到，孙炳文烈士的一双儿女竟然出现在武汉八路军办事处。周恩来拉着兄妹俩急步走进办事处，大声朝正在伏案工作的邓颖超喊道："小超、小超，你看谁来啦？"没等邓颖超反应过来，他就高兴地说："这是宁世和维世，是孙炳文同志的孩子呀。"经过周恩来的提醒，邓颖超立刻想起来了，她把维世搂在了怀里。

周恩来、邓颖超觉得有责任抚养烈士的遗孤，为了死者，也为了生者。邓颖超看到维世的哥哥已经长大成人，可维世还未脱稚气，便拉着她的手笑呵呵地说："维世啊，你就当我们的女儿吧。"后来，周恩来和邓颖超给任锐写了一封信，征求她的意见，任锐欣然同意。就这样，孙维世成了周恩来和邓颖超的女儿。

周恩来、邓颖超与孙维世的合影

邓颖超同孙炳文烈士的女儿孙维世在一起

在周恩来和邓颖超的关怀下，孙维世到了延安，进入抗日军政大学学习。她积极上进，年仅 17 岁就加入了中国共产党。

1939 年 8 月，邓颖超陪同周恩来赴苏联治疗臂伤。得到毛泽东批准后，孙维世也同机赴苏，并先后在莫斯科东方大学和莫斯科国立戏剧学院学习，直至 1946 年以优异成绩毕业。同年，孙维世回国，参加土改运动。

周恩来夫妇对孙维世的成长倾注了大量心血。这从解放战争时期周恩来给邓颖超的信中可以看出。1947 年，国民党发动对山东和陕甘宁边区的重点进攻，周恩来跟随毛泽东转战陕北，邓颖超则赴山西、河北等地参加土改。

1947 年 11 月 22 日，周恩来来到米脂县杨家沟协助毛泽东指挥解放战争。格外忙碌的周恩来仍不忘关注女儿的近况。1948 年 3 月 7 日，周恩来致信邓颖超，谈到他们的女儿，喜悦之情跃然纸上：

维世经过一年工作，人生观实际了许多，也懂得了不少，对她说来，的确是有长进。从性格上说，她仍是那样天真热烈，屡经挫折，仍能站住，这颇像你我的女儿。我预告她，此番东去，面前还会有

许多困难，也会遭受挫折，但必须勇于面对困难，克服困难，敢于正视错误，纠正错误，如此，方能从锤炼中奋斗出来。一个可喜的后代，看着她在长成中，愿她能从你我的修养中学到一些好处，而去掉我们那些从旧社会带来甚或滋长过的坏处，这就需要你我有意识地教育她，而不要对于自己无批判地给她以盲目信仰的影响。老一代女同志有经验有长处，但如果不批判地总结自己、提高自己，是很难给后一代以更多更好的影响的；男同志亦复如此。

可以看出，周恩来、邓颖超对孙维世视如己出，虽不是亲生女儿，却胜似亲生女儿，对其严格要求。孙维世也没有辜负二老的厚望，后来成为新中国第一代著名女导演。

登上天安门城楼

见证新中国诞生

开国大典那天,他们登上天安门城楼,亲耳聆听毛泽东宣告"中华人民共和国中央人民政府今天成立了!"

  1949年10月1日下午,周恩来和邓颖超登上雄伟庄严的天安门城楼,参加开国大典。

  为了这一天的到来,于6月召开的中国人民政治协商会议筹备会常务委员会第一次会议决定,成立六个工作小组,其中第三小组的任务是起草新政治协商会议共同纲领。周恩来被指定为该组组长,负责抓总。邓颖超是组员之一,在第二分组围绕财

1949年10月1日，周恩来在开国大典上

1963年，周恩来与邓颖超在苏州的合影

政经济问题开展工作。

  邓颖超赴上海邀请宋庆龄北上期间，周恩来在北平主持起草了《共同纲领》的草案，并主持了新政协筹备会的多次会议，推进了新中国多部重要法律的制定工作，为人民民主统一战线的发展作出了巨大贡献。邓颖超陪同宋庆龄到达北平后，继续投入到新政协筹备会的工作中。

  9月21日，中国人民政治协商会议第一届全体会议在中南海怀仁堂开幕。会议通过《中国人民政

治协商会议组织法》《中华人民共和国中央人民政府组织法》《中国人民政治协商会议共同纲领》。在这次会议上,周恩来当选为中央人民政府委员、中国人民政治协商会议全国委员会委员,之后,他当选为全国政协副主席。邓颖超在会上当选为全国政协常务委员,也是当时唯一的一位女性常委。

9月24日,邓颖超作为中华全国民主妇女联合会的代表,在大会上作了题为《中国妇女们欢欣鼓舞迎接新中国的建设》的重要发言。她高兴地指出,中国人民政治协商会议开辟了中国妇女政治地位上的新纪录,并大力号召全国广大妇女坚持不懈,为建设新中国而努力学习和工作,实现真正的男女平等,更好地为人民服务。同时,她还希望即将成立的中央人民政府和各级政府,保障《共同纲领》中赋予妇女的各项权利。把男女平等和保护妇女儿童利益正式写进《共同纲领》中,是中国前所未有的事情,是以邓颖超等人为代表的广大妇女顽强奋斗数十年才终于结出的丰硕果实。

在开国大典上,毛泽东向全世界庄严宣告:"中华人民共和国中央人民政府今天成立了!"话音落下,天安门广场成为欢乐的海洋。看到群众欢呼雀跃的场景,看到迎风飘扬的五星红旗,看到阅兵式上威武雄壮的人民军队，周恩来和邓颖超站在天安门城楼上，心潮激荡，感慨万千！他们仿佛在回望自己的初心，回望五四运动期间激昂战斗的青葱岁月，回望长征时身患重病、九死一生的遭遇，回望在国统区积极斡旋的艰难局面，回望战火纷飞中面对死亡威胁的困境。革命终于胜利了！迎来了新中国！周恩来和邓颖超更加坚定了自己的使命，全身心投入更加激昂的建设国家的事业中。

君子协议

不在一个部门工作

早在他们结婚后,两人就订立了君子协议:可以在一个地方或一个机关工作,但不要在一个具体部门共事。几十年来,他们一直遵守着这个协议。

1949年10月1日,中华人民共和国成立。周恩来担任政务院总理兼外交部部长。有人跟他提议:邓大姐资历深,对革命作出了很大贡献,给大姐在政府里安排个职位吧?周恩来严肃地说:"只要我当一天总理,邓颖超就不能在政府里任职!"这句话掷地有声、振聋发聩。

早在1925年,周恩来与邓颖超就订立了君子

新中国成立初期周恩来、邓颖超的合影

协议：可以在一个地方或一个机关工作，但不要在一个具体部门共事。几十年来，周恩来、邓颖超都遵守着这个协议。新中国成立后，周恩来担任政府

总理长达 26 年,邓颖超则一直担任全国妇联副主席的职务。1982 年 6 月 30 日,在建党 61 周年之际,邓颖超撰文写道:"现在看来,夫妇不在同一个具体部门工作是比较合适的。"

邓颖超虽是总理夫人,但她严格要求自己,原则性非常强。邓颖超担任妇联领导职务后,需要经常接待一些国际友人。1954 年,她在致外交部礼宾司交际处的信中写道:"对于有关国际外交上的活动,我一贯是根据原则,按照具体情况,分别交有关方面议处和办理。即在国际外交活动方面,凡涉及我在妇联职务身份时,我都是交妇联有关部门办理,从未烦请外交部。同样凡涉及周外长老婆的身份时,我都是请外交部有关部门办理,也从未交妇联办理。"并申明上述原则,不仅过去,今后也将继续适用。邓颖超刻意与周恩来"划清界限",就是为了避免对彼此的声誉造成不良影响。

周恩来也时刻注意"避嫌"。在很多方面,周恩来尽量"压低"邓颖超,使她在物质上和职务上作出很大的牺牲。新中国成立初期,由供给制改为工资制时,周恩来除主动压低自己的工资级别外,对邓颖超的工资级别也同样往下压。按照妇联副主席的职务,邓颖超的工资可以定为四级,邓颖超自己要求定为五级,到周恩来审批时,给压到六级。1959年,我国举行中华人民共和国成立十周年大庆。周恩来在审阅上主席台的人员名单时,把邓颖超的名字划掉了。周恩来时时处处注意不让邓颖超"抛头露面",实际上是对她的保护。

邓颖超非常理解和支持周恩来的做法。她曾深有感触地说:"当总理的夫人其实很难。"1975年1月,四届全国人大召开之前,经组织提议,邓颖超被列入全国人大常委会副委员长候选人。毛泽东也同意这个提议,但周恩来一直持否定意见,把这件事给压了下来。后来,秘书赵炜问起此事,邓颖超平静地说:"恩来这样做,我很理解,那时不让我上是对的。如果恩来在的话,他一定不会让我担任副委员长的。"的确,作为国务院总理周恩来的夫人,如果邓颖超那时就出任全国人大常委会副委员长,可能很难处理各方面的关系。周恩来当时从多方面考虑,所以才不同意邓颖超出任要职的。直到周恩来逝世后,1976年12月,邓颖超才当选为全国人大常委会副委员长。

周恩来、邓颖超就是这样严于律己,彼此"泾渭分明"。因为在他们眼里,这不是小事,这关系到党风问题。

西花厅

永久的家

粉红色和洁白的海棠花开满枝头,香气沁人心脾。他把海棠称作"群花",正是这群花绽放吸引了他,把他们迎进了西花厅。

西花厅,成为他们永久的家。

　　西花厅位于中南海的西北角,是一座建于清朝的王公邸园,原是清宣统年间摄政王载沣的府第。西花厅共有两进院落,前院高台上是一座坐北朝南五间相连的老式厅堂,厅前的横匾上书"西花厅"三个大字。周恩来和邓颖超曾在此接见中外要人和宾客。后院包括周恩来和邓颖超二人的办公、居住区以及总理办公室秘书、卫士办公室等。院子里栽

1949年，周恩来、邓颖超在颐和园的合影

中南海西花厅

情长纸短　吻你万千

有桃、李、丁香、海棠等树，为西花厅增添了几分雅致。

　　1949年，北平和平解放后，中共中央从西柏坡迁至北平，首选的落脚地是香山，作为党的副主席，周恩来也居住在那里。新中国紧张筹建期间，周恩来日理万机，有时一天内甚至不止一次地往返香山与北平城之间，当时路况很差，每天在路上所花的时间很长。总是这样奔波，既劳累又浪费时间，所以当时有几位领导人率先住进了中南海，周恩来最早选中的院子是丰泽园。

　　后来毛泽东搬进城里住进丰泽园，周恩来就换地方了。为何他最终将西花厅选定为自己办公和居住的地方？这不得不提到他与西花厅的一次"邂逅"。1949年4月，周恩来进过一次这个院落。4月正是海棠花盛开的时节，粉红和洁白的海棠花开满枝头，香气沁人心脾。周恩来时刻注意把自己置身于人民群众之中，不与人民群众脱离，他把海棠称作"群花"，正是这群花绽放吸引了周恩来，把他和邓颖超迎进了西花厅。

　　1949年10月11日，周恩来在致邓颖超的信中写道："政务院已决定搬入西花厅并扩大其范围。"1949年秋，他们搬进这所院子，此后，周恩来就在这里操劳国事、日理万机。他经常工作十五六个小时以上,有时甚至通宵不眠。在26年的总理生涯中,他大部分的时间都是在西花厅度过的。周恩来逝世后,邓颖超又在此继续居住了16年。

1988年,84岁高龄的邓颖超深情回忆起与她并肩战斗的战友兼伴侣周恩来:

你不是喜爱海棠花吗?解放初期你偶然看到这个海棠花盛开的院落,就爱上了海棠花,也就爱上了这个院落,选定这个院落,到这个盛开着海棠花的院落来居住。你住了整整二十六年,我比你住得还长,到现在已经是三十八年了。

西花厅,成为周恩来和邓颖超永久的家。西花厅,承载了他们太多太多的故事。西花厅,见证了夫妇二人为国为民鞠躬尽瘁的日日夜夜。

尊重

一张充满关爱的纸条

他不愿在她睡熟的时候打搅,特地留下一张字条,又急匆匆地忙政务去了。她醒来看到他写的字条,感到真是太体贴了。

金秋十月,硕果累累。1949年10月1日,历经磨难的中国人民终于迎来了中华人民共和国的诞生。新中国百废待举、百业待兴,担任共和国"总管家"的周恩来虽然日理万机,但他的内心是喜悦的,心情是愉快的。新生的中华人民共和国生机勃勃,周恩来觉得浑身有使不完的劲儿。

筹建新中国之际,中国共产党邀请许多民主人

20世纪50年代初,周恩来、邓颖超在西花厅的合影

182 情长纸短 吻你万千

士来北平参加中国人民政治协商会议第一届全体会议共商国是，出席开国大典。重要的国家大事议决之后，民主人士即将踏上归程。

10月10日晚，周恩来决定于第二天中午在西花厅宴请周苍柏夫妇等客人。因周恩来经常通宵达旦地工作，与邓颖超的作息时间不同步，所以10月11日一早，经过一个晚上工作的周恩来执笔为妻子写下一张字条：

超：

我不愿在你睡熟的时候，再来搅你，特留字告你：今天正午十二时，用我俩名义请了周苍柏夫妇、史良夫妇及袁雪芬同其编剧人共六位客人，在西花厅薛子正处午饭。我已托何谦办理此事。请你届时先往，因周苍柏今日下午五时即行，故不能再延期了。晚上才决定的，望你谅我无法相商。

早安！

周恩来
十一 早

从这封短笺，我们可以看出周恩来对邓颖超是何等的尊重！何等的体贴入微！他不忍心在邓颖超熟睡的时候叫醒她,影响她的休息。他也没有自作主张以他个人名义宴请,而是以夫妻两人的名义请。因时间紧迫,周恩来没有办法与邓颖超商量,只能请求妻子的谅解。在周恩来眼里,妻子与他的地位是平等的,应该给予足够的尊重。

写完字条后,周恩来又急匆匆地忙政务去了。邓颖超醒来,看到周恩来写的字条,一股暖流涌上心头,感到真是太体贴了。

不到正午12点,邓颖超便来到了薛子正处,看看还有什么做得不周的地方。别的忙帮不上,只能在这些方面替周恩来分担一下重负。因为是宴请民主人士,马虎不得,重要注重细节,也体现了周恩来、邓颖超夫妇对民主人士的尊重。

正午的时候,宾主纷至沓来、陆续入座,周恩来和邓颖超与客人们谈笑风生,共同祝愿伟大的祖国繁荣昌盛。

废旧立新

《婚姻法》诞生了

她为《婚姻法》付出心血,他强调"对《婚姻法》的执行必须大张旗鼓地去做"。他们相濡以沫的风雨人生是人们心中的婚姻典范,更是对《婚姻法》最好的诠释。

1950年5月1日,《中华人民共和国婚姻法》正式施行。这是新中国成立后颁布的第一部法律。它明确废除了封建主义婚姻制度,实行男女婚姻自由、权利平等、一夫一妻原则,从根本上瓦解了旧有的婚姻制度和家庭关系,开创了新中国婚姻法治的新篇章。这部法律从开始起草到公布,历时一年零七个月,整个过程凝聚了邓颖超很多心血。

1948年秋，刘少奇在西柏坡召开的解放区妇女工作会议期间，代表党中央向中央妇委同志布置了起草《婚姻法》的工作。中央妇委成立《婚姻法》起草小组，邓颖超任主任。在她的主持下，开始了《婚姻法》的起草工作。为了做好这项工作，起草小组深入城市和农村进行调查。邓颖超在参加解放区土地改革的过程中，通过与当地村民的沟通，深刻感受到封建婚姻制度对于妇女的迫害，也了解到农村青年男女迫切要求婚姻自由的愿望，这使她深受触动。

面对当时争论的焦点——有关离婚自由的问题，她在将中央妇委起草的《婚姻法》最后草稿送交中央书记处审阅时，附上一封信，主张加上"一方坚持离婚，即可离婚，不附任何条件"这一条。理由是中国长期停滞在封建社会，最受压迫的是妇女，在婚姻问题上妇女所受的痛苦最深。早婚、老少婚、买卖婚姻、包办婚姻是普遍现象，又不允许妇女离婚，所以，一方坚持离就让离，主要是根据广大妇女的利益提出的。她一贯认为，男女婚姻的基础是爱情，如果爱情熄灭，那种婚姻保持了也没有意义。

起草小组根据搜集到的城市、乡村各项婚姻材

1950年5月14日，邓颖超在张家口干部会上作《关于中华人民共和国婚姻法的报告》

《关于中华人民共和国婚姻法的报告》

料，参考过去江西苏区和各解放区的《婚姻法》，以及苏联和东欧各新民主主义国家的《婚姻法》，对草稿先后进行41次修改，最终拟定了初稿。

初稿拟定后，为了广泛征求各民主党派、各人民团体、各司法机关及其他有关方面的意见，举行了多次座谈会。之后，又与中国人民政治协商会议全国委员会常委、中央人民政府委员及政务委员等三方面举行了两次联席座谈会，进行修改讨论，才提交中央人民政府委员会第七次会议通过。其中，在讨论《婚姻法》的执行时，周恩来强调，"公布《婚姻法》时，就估计到在贯彻执行中会遇到阻碍。妇女占人口的一半，解决她们的问题，不仅是司法部门和妇联的事，也是政府部门的责任。因此，对《婚姻法》的执行必须大张旗鼓地去做。"

《婚姻法》颁布后，邓颖超组织妇联在全国范围内积极进行宣传，有力地推动了《婚姻法》的贯彻实施，使广大妇女逐渐摆脱封建婚姻观念，积极树立婚姻自主的新婚姻观。

岁月不居，时节如流。邓颖超与周恩来半个多世纪相濡以沫、砥砺同行的风雨人生，至今都是人们心中的婚姻典范，更是对于《婚姻法》最好的诠释。

寄送水仙花

怀念在红岩的日子

赏花时,她心情复杂,对花无言,半晌才迸出一句"百感交集"语。想到花儿不能留到他归来,她特意寄三枝水仙花给他,想他收到时或能余香犹在。

1950年1月10日,周恩来率领中华人民共和国政府代表团前往苏联,协助毛泽东同苏联领导人就两国重大的政治、经济问题进行谈判,签订《中苏友好同盟互助条约》和有关协定。

1月12日,在即将抵达满洲里的途中,警卫秘书何谦提醒周恩来"给小超同志写几个字带回去",周恩来马上提起笔来给妻子写信:"沿途平

周恩来、董必武和八路军办事处、《新华日报》工作人员在红岩的合影

安,堪以告慰老婆。"周恩来知道,妻子最惦记的就是他的休息。信中他特意详述了从北京启程后在火车上的就寝情况:"则七十八小时的行程,我睡了三十六小时,当不算少了。这是你最开心的事,特此告你。"

信的结尾,周恩来写道:

许多人都问到你的健康。希望你由于我的离开,能得到一个月的安心休息。回来后,能看到你更加年轻,那将如何快乐?!

再见,我的老伴!

1月21日,邓颖超在回信中分享了一件意想不到的事。1月18日午夜,她在外面开完会回到西花厅,掀帘进入客厅,顿觉清香扑鼻,于是问秘书陈楚平,哪里来的香味?邓颖超再往里走,发现在花瓶里插着两束水仙花,马上问,哪里来的鲜花?因为正值寒冬,当时北京没有鲜花。陈楚平回答道:今天人家送来的,还有信件。邓颖超赶紧到卧室看信,原来是夏静回重庆看望母亲饶国模时,饶国模特意让女儿给邓颖超带回生长在红岩土壤里的新鲜水仙花。邓颖超由衷感谢红岩房东的深厚友谊。她马上折回客厅,从瓶子里拿出那两束水仙花,欣赏着,看不够。花从重庆红岩来,又把她的思绪带回到重庆红岩去。邓颖超在给周恩来的信中写道:"三年红岩,一切往事萦绕脑际,历历如在目前,我的心情复杂,对花无言,半晌才迸出一句'百感交集'语。"赏花时,邓颖超有点惆怅,心想:如果周恩来在身边该多好啊!两人之间一定有说不完的话。"可惜你没有在家,如果你在的话,你一定和我具有同感,而且是最能了解我的心情的人。"

想到花儿不能留到周恩来归来,邓颖超特意寄三枝水仙花给周恩来,并交代:一枝给时任代表团翻译的孙维世,把想念和祝福托花儿带给女儿;一枝给何谦,谢谢他的关心和提醒,才能收到周恩来在旅途中写的一封家书。当然,邓颖超知道,周恩来收到水仙花时,"想已干萎,但终是来自红岩土壤里的花,或能余香犹在吧"。

邓颖超在信中还说,周恩来走后,她是倍加忙碌。"所好的,就是夜眠安静,不再提神吊心地挂着隔房犹有未眠人,仅此一点安静而已。待你回时,我只要不加病就好了。年轻的希望,还是还诸你罢。望你忙中注意休息!"可以看出,周恩来经常通宵达旦地工作,因此邓颖超也未曾好好休息过一天!

邓颖超和饶国模在北京的合影

1月26日,孙维世奉周恩来之命,代笔给邓颖超写信,述及在苏情形。信尾很体贴地写道:"我走后,你应该得到一点休息,工作的同志们也可以早睡早起,西华(花)厅的生活大概可以恢复常态了。成元功同志和老钟及其他工作同志可以让他们休息到我回来,以便养精蓄锐,重上夜战之场。"

2月3日,邓颖超给周恩来回信:"我在三十一号晚上又发了一次心脏病,幸尚轻微,即服药打针,恢复较快,这两天在休息。"最后,她不忘叮嘱说:"你们忙得怎样?觉要多睡,酒要少喝,澡要常洗,这是我最关心惦记的。"并幽默地说:"回来要检查哩!"

邓颖超就是这样,不时给夫妻二人的生活"制造"个小惊喜,既调剂一下周恩来繁重的工作,又增进了两人之间的深厚感情。

永不褪色的爱情

"八互"精神

每当有人问起他和她之间保持夫妻感情深厚的秘诀,她总是说:"因为在生活中始终遵循'八互'原则。"他们在长达半个多世纪的婚姻生活中,始终心心相印,患难与共,用实际行动践行"八互"原则。

所谓"八互",是邓颖超和周恩来在长达半个多世纪的婚姻中,总结出的夫妻相处的原则。它的完整内容是:"互爱、互敬、互勉、互助、互信、互谅、互让、互慰"。"互爱"是说夫妻之间互爱是基础;"互敬"是说夫妻之间要相敬如宾,互相敬重;"互勉"是说夫妻之间要互相勉励,共同进步;"互助"是说夫妻之间要互相爱护,彼此关心;"互

信"是说夫妻之间要互相信任;"互谅"是说夫妻之间要宽容大度,相互谅解;"互让"是说夫妻之间要懂得让步,互相谦让;"互慰"是说夫妻之间要互相体贴、温存、安慰。

每当有人问起邓颖超他们夫妻之间感情如此深厚的秘诀,邓颖超总是说:"我们夫妻之所以能够永远保持初恋般的感觉,就是因为在生活中始终遵循'八互'原则。"

围绕"八互"的产生,还有一个小插曲。1987年5月的一天中午,邓颖超小憩时,顺手打开收音机,收听"午间半小时"节目。这个节目中午12点半开播,邓颖超是该节目的忠实听众。突然听到广播在讲述"八互"的事情,她便饶有兴致地听了起来,听着听着便皱起了眉头,于是给节目组写了一封信。这封信分两次写完,共用十天时间,信中讲到她和周恩来的一件小事。

我听到你们播了周恩来同志提倡夫妻"八互",我当时听了,觉得不完整,想把事实告诉你们,我又觉得没必要。今天写信,我认为应当将事实告诉你们……"八互"提出是经过周恩来同志的生活实践再加我看到许多夫妻关系中出现了矛盾与(相)

处得好坏的情况，我试提出"八互"作为参考，从未以正式文字发表过，恩来同志既不肯定也不否定，是默认的，所以不应是由他提倡的，我并不是争这点提权，而应将事实经过告诉你们，你知道就可以了，更不需要更正了。

事情的经过正如邓颖超所说。1950年2月，周恩来身边的工作人员郑勤与李进新结婚。在婚礼现场，虽没有山珍海味，但菜肴丰盛、气氛温馨。这时，邓颖超取出一块红缎，拟定以"八互"为贺词，并请毛笔字好的同志将贺词写在上面。根据邓颖超的意见，题字的同志以"互"字为中心，把"八互"写成半圆，并将"更好地为人民服务"几个字着重写在"八互"右侧。写完后，邓颖超十分高兴，带头在上面签名，随即将这幅贺幛作为礼物送给了郑勤夫妇以表示祝贺。邓颖超强调说："'八互'的目的是让两个人更好地为人民服务。"

"八互"饱含了周恩来和邓颖超对年轻夫妇的期望。每当身边有人结婚，他们总要亲临婚礼，与大家聚在一起祝贺新人，并将"八互"送给他们，希望年轻的夫妇们能处理好夫妻间的感情，从而更好地服务于人民。

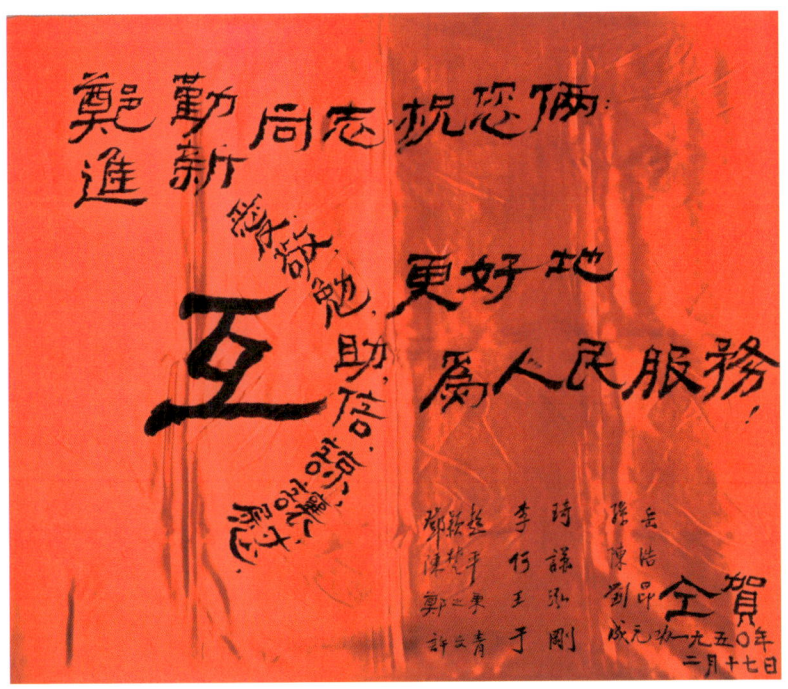

1950年2月17日,邓颖超等人送给郑勤夫妇的结婚贺幛

　　周恩来、邓颖超在长达半个多世纪的婚姻生活中,始终心心相印,患难与共,用实际行动践行"八互"原则。"八互"原则,不仅是他们之间永不褪色的爱情基础,也鞭策着无数对恋人和夫妻乐观地面对生活,经营属于自己的爱情和婚姻。

> **银婚**
>
> 浪漫的结婚纪念
>
> 照片中的他们神采奕奕，目光炯炯，脸上洋溢着笑容，尤其是两朵鲜艳夺目的大红花，象征着他们夫妻的恩爱永远那么浓烈。

1950年8月初的一个星期天上午，艳阳高照，空气中都仿佛弥漫着喜庆的气氛。孙维世带着妹妹孙新世来到西花厅。因为周恩来、邓颖超的银婚纪念日马上就要到了，维世想给爸爸妈妈"导演"一场简单的庆祝活动，给他们一个惊喜。

周恩来与邓颖超共同生活了五十多年。1925年8月，他们结婚的时候没有举行婚礼。在戎马倥偬

1950年8月,周恩来和邓颖超结婚25周年的纪念照

1950年8月,孙维世、孙新世姐妹为周恩来和邓颖超过25周年银婚纪念日

的革命战争年代,他们也没有举行过什么纪念仪式。唯一一次结婚纪念活动就是1950年的这一次。

当天上午,孙维世和妹妹兴冲冲地来到西花厅,笑盈盈的脸上带着几分神秘的色彩。为了庆祝爸爸妈妈的银婚,孙维世还真没少花心思呢。她亲手制作了大红花,到时候要给爸爸妈妈戴上。她还约了中南海摄影科科长、摄影家侯波上午10点钟到西花厅,请他为爸爸妈妈拍摄银婚纪念照。

孙维世忙前忙后地张罗着,一切准备就绪后,身边工作人员把主角——周恩来和邓颖超从各自的办公室请了出来。孙维世兴高采烈地宣布:今天我们给亲爱的爸爸妈妈举行结婚纪念仪式!话音刚落,大家齐声鼓掌庆贺。接着孙维世把事先准备好的两朵大红花分别佩戴在"亲爱的爸爸妈妈"胸前。周恩来和邓颖超既感到意外又很感动,心里像喝了蜜一样甜,欣慰地看着女儿。正如那句"闺女是爸妈的小棉袄",维世可真是他们的贴心小棉袄啊!

随后,大家簇拥着周恩来和邓颖超到院中的小桥上摄影留念。"爸爸、妈妈,看镜头,一二三",维世的话音刚落,随着"咔嚓""咔嚓"声响,一帧帧经典画面被摄影师永远定格下来。"人逢喜事精神爽"。照片中的周恩来和邓颖超神采奕奕,目

光炯炯,脸上洋溢着笑容,尤其是两朵鲜艳夺目的大红花,象征着他们夫妻的恩爱永远那么浓烈。周恩来、邓颖超还与孙维世、孙新世姐妹俩也合了影,每人胸前都戴着大红花,喜气洋洋的。

拍完照,周恩来乐呵呵地说:"维世给我们做银婚纪念了。"邓颖超也高兴地说:"我们结婚的时候没有举行什么婚礼,今天倒戴了大红花,像个结婚的样子。"身边工作人员这才知道,按照欧洲的风俗,结婚25周年被称为"银婚",结婚50周年被称为"金婚"。

周恩来和邓颖超都清楚地记得那值得纪念的日子,只是他们从不注重纪念的形式罢了。他们把全部精力投入到紧张的工作中,这是他们对爱情的最好纪念。

爱情最好的样子,是互相成就彼此。

周恩来和邓颖超就是这样,在工作上互不干扰,在生活中互相关心,呈现出爱情最好的样子。

"不像情书的情书"

共享生活中的情趣

她致信他,分享在杭州所见的美景,寄上孤山之梅、竹、茶花、红叶各一。他抽空给她回信,文风诙谐,却饱含思念之情。

1951年2月底,邓颖超因病到杭州休养,这里景色宜人,风光秀丽,对她康复身体大有裨益。不过,邓颖超始终思念着终日为国操劳的周恩来。

3月3日,邓颖超致信周恩来,分享在杭州所见的美景及心中的感受:"抵杭已一周,前数日阴雨绵绵,春寒袭人,不亚北国之寒;但其深度与江南景色,却与北地有别。前日放晴,春风和煦,已

带来温暖，令人心情精神为之爽振。我们曾冒细雨拜岳庙，登孤山，山顶眺望，全湖在望，殊为大观。湖滨山岭，梅花盛开，红白相映，清香时来，美景良辰，易念远人。"同时，又"特寄上孤山之梅、竹、茶花、红叶各一，聊以寄意，供你遥领西湖春色也"。邓颖超担心周恩来会因工作繁忙不顾及自己的身体，因此在信的最后嘱咐道："我远在西子湖边，你应自知珍重。就寝时间之公约，实行得如何？念念。"

接到邓颖超信的时候，周恩来正忙得不可开交，一方面要组织实施党和国家的三年恢复、十年建设方略，另一方面则要时刻关注朝鲜战局。然而，即使工作再忙碌，他也依然记挂着远在杭州的妻子。3月17日，周恩来抽空给邓颖超回信，文风诙谐，却饱含思念之情："西子湖边飞来红叶，竟未能迅速回报，有负你的雅意。忙不能做借口，这次也并未忘怀，只是懒罪该打。"信中还介绍了自己2月24日天津之行的详细经过和此后在京三周的情况，最后提到："南方来人及开文来电均说你病中调养得很好，颇慰。期满归来，海棠桃李均将盛装笑迎主人了。"

收到周恩来的回信，邓颖超倍感喜悦，眼前不

1951年3月3日邓颖超致周恩来的信

1951年5月，周恩来和邓颖超在大连

情长纸短　吻你万千

由得浮现出满是桃、李、海棠的西花厅和丈夫的身影。在 3 月 23 日给周恩来的信中,她也风趣地回复:"不像情书的情书,给我带来了喜慰。回报虽迟,知罪免打。""先寄语桃、李、海棠,善备盛装迎接主人呀。"同时,邓颖超向周恩来推荐"乒乓之戏",望丈夫能在百忙之中抽出时间锻炼,以保持身体健康。

3 月 30 日,周恩来收到邓颖超的回信和随信寄来的西湖印本,31 日便写起回信:"昨天得到你二十三日来信,说我写的是不像情书的情书。确实,两星期前,陆璀答应我带信到江南,我当时曾戏言:俏红娘捎带老情书。结果红娘走了,情书依然未写,想见动笔之难。……忙人想病人,总不及病人念忙人的次数多,但想念谁深切,则留待后证了。"其中"俏红娘捎带老情书"这一典故背后还有一段不同寻常的故事。

3 月上旬,全国妇联常委、国际工作部部长陆璀,与全国妇联副秘书长曾宪植及中央组织部干部管理处副处长帅孟奇一同到西花厅看望周恩来。周恩来热情地接待了她们。宾主落座后,曾宪植单刀直入,略带顽皮地问:"小超大姐不在,总理该感到寂寞了吧?"周恩来哈哈一笑,说:"寂寞嘛,总有一点。但是，让她在南方把身体养好了再回来，那也值得嘛！"当周恩来得知陆璀几天后要去上海时，便说："那我就写一封信给小超，请你给我带去，好吗？"陆璀欣然同意："当然乐意为总理和大姐效劳！"周恩来笑了。他诙谐地说："这就叫'俏红娘捎带老情书'。"然而，直到陆璀动身前夕，周恩来因为工作繁忙，信还没有写成，便让陆璀先带个口信给邓颖超，请她勿念，安心休养。

  陆璀把口信带给邓颖超，邓颖超感到莫大的安慰。她感激地对陆璀说："恩来他总是不肯休息，工作人员对他都没办法。你们这样去看他一次，等于迫使他放松休息一下，太好了，要谢谢你们。这次你虽然没有带来他写的情书，可还是带来了口信，完成了'红娘'的任务。谢谢你！"

中山公园赏花

搬来"救兵"侄女

他为国事操劳,经常一连工作十四五个小时,有时还连轴转,连续一两天不睡觉,也没时间吃饭。她看在眼里,急在心里,想方设法寻找让他休息的"制胜法宝"。

1949年中华人民共和国成立后,百废待举、百业待兴。正在中国人民全力恢复国民经济的时候,朝鲜战争爆发了。在抗美援朝期间,中国人民志愿军的作战方案及整个后勤供应,几乎都由周恩来主管,他经常一连工作十四五个小时,有时还连轴转,连续一两天不睡觉,也没时间吃饭。

1951年5月的一天,朝鲜战场战事紧急,周恩来连续工作了整整二十多个小时。天将拂晓，邓颖超起床后到周恩来办公室前，见他还没有休息。长时间地在室内伏案工作，对已经年过半百的周恩来身体太不利了！邓颖超看在眼里，急在心里。怎么办呢？这时，她灵机一动，想起了住在西花厅的侄女周秉宜（乳名小咪），这是使周恩来休息的"制胜法宝"：让小咪悄声走进周恩来办公室，不用多说，拉着伯伯的手就使劲往外走；周恩来非常熟悉这个"无言"小侄女的威力，她太小，讲革命道理，她不懂，对她发脾气也不忍心，唯一的出路，只有乖乖地跟着她起身。这种做法可以说是"百战百胜"。

想到这儿，邓颖超会心地一笑，让值班人员王力去搬"救兵"秉宜。王力走进孩子们的房间，秉宜睡得正香呢！"小咪，好孩子，快起床，公园里的芍药花开了，阿姨带你去看花！"小咪闭着眼睛直摇头，嘴里嘟哝着："我困，我要睡觉！""哎呀，不光你一个人去，你伯伯也去，快醒醒，阿姨给你扎个大蝴蝶结。"一听伯伯也去，小咪仿佛立刻明白了自己还有"抓俘虏"的责任，也不再赖床了，顺从地让阿姨给自己穿上衣服，还乖乖地让阿姨给自己扎上一个粉红色的绸布蝴蝶结。只是"瞌睡虫"

1951年5月,周恩来领着周秉宜在赏花

周秉宜和伯伯看花

还黏在她的身上,小咪一边打着哈欠,一边让王力牵着小手来到了周恩来办公室门前。

"小咪,你去跟伯伯说你要到中山公园去看花,去吧。"王力说着把小咪推进办公室。

小咪进门不用敲,走路也没声响。她走到伯伯身边,也不看伯伯在忙什么,拉起伯伯的手就往外走。"伯伯,咱们去中山公园看花吧。"小咪央求道。

"小咪,我还有工作没搞完,再等半小时。"

小咪毫无商量余地,执意往外走。

　　看着穿戴整齐的孩子，头上扎着十分精美的蝴蝶结，却眼泡略肿，神态木讷，直打哈欠，周恩来明白了事情的真相。他走出办公室，在回廊里问道："小咪，就在院子里走走，好吗？"

　　小咪摇头，拉着伯伯直奔大门口，出了大门，汽车已经发动，卫士长、护士都含笑迎着他们。周恩来指着王力笑着说："小鬼，你点子真多！"

　　望着远去的汽车，邓颖超长长地舒了一口气。邓颖超就是这样，总是会想尽办法，让周恩来多休息一下。

意外的惊喜

特别的情感慰藉

在列车上,他特意安排与他同行,不仅完成外事谈话,还可尽情畅谈,度过终生难忘的愉快旅行;在院子里,他们紧紧挨着,踏雪走了一圈又一圈,谈了很多往事。

1951年隆冬,邓颖超准备去柏林参加国际民主妇联第六次执委会议。

当时,周恩来担任外交部部长,在中国代表团出国前,他必须同出国人员谈话,这已经成了外事纪律。可是,直到邓颖超出发当天,周恩来都只是忙他的工作,始终没有和她谈话。

11月19日晚上9点钟,邓颖超就要乘车出发了。

周恩来不动声色地跟随妻子坐上汽车前往火车站，二人又一起登上了国际列车。路上，他依然没有谈话的意思，只是和妻子聊着家常。

晚上10点钟，火车即将出发，周恩来也没有下车。邓颖超心里很纳闷，虽然她笃定认真负责的周恩来会和自己做外事谈话，交代各种工作重点，但直到此刻，周恩来还是没有开口。

火车启动，邓颖超更着急了，周恩来才开口："我已经安排加挂了一节公务车，要去天津同市领导谈工作。"他的语气很平淡，却给邓颖超带来了极大的惊喜。平时他们夫妻工作繁忙，很难找到合适的时间和机会聊聊家常，周恩来特意安排从北京到天津的这两个小时，不仅可以完成外事谈话的任务，他们也可以不受打扰，尽情畅谈。得知周恩来这样别开生面的安排，邓颖超的喜悦和兴奋溢于言表，他们在列车上度过了一次终生难忘的愉快旅行。

周恩来给邓颖超准备的惊喜不只有这一件事。抗美援朝战争结束后，有一次，周恩来在位于今天万寿路附近的新六所办公了整整一夜。天亮后，他走出楼门，发现天上纷纷扬扬地飘下雪花，院中雪景正盛。他马上安排秘书打电话把邓颖超找来这里。此时邓颖超刚刚起床，以为他有什么急事要说，匆

1951年12月，邓颖超率中国代表团出席在柏林召开的国际民主妇联执委会会议

1951年，周恩来和邓颖超在一起

匆赶到。

"我们边走边说。"周恩来带着邓颖超漫步在新六所的院子里。她一直喜欢欣赏雪景,看到这美丽的景色,情不自禁地靠近周恩来,二人步伐一致,细语温言。

"到底是什么事呀?"过了许久,邓颖超才打破沉默。

"请你来踏雪。你是喜欢踏雪的,可惜我们一起的机会很少……"周恩来小声地说。

在安静的院子里,他们谈了很多往事,多年的聚少离多,让他们不胜唏嘘感慨。在这样温馨的氛围中,他们紧紧挨着,走了一圈又一圈。这以后,邓颖超就有了去新六所踏雪散步的爱好。

周恩来日理万机,能够给予妻子的时间太少太少,但他用体贴和关心,用温情和惊喜,尽可能地给予邓颖超最大的情感慰藉,这也是他们夫妻关系亲密融洽的秘诀之一。

> **默契配合**
>
> 协助做好大使夫人工作
>
> 作为一位独立自主的女性,她一贯谦虚谨慎,和他默契配合,相得益彰,为党和国家建立有中国特色的外交夫人工作起到特殊的重要作用。

邓颖超是一位独立自主的女性,也是新中国总理兼外交部部长周恩来的夫人。面对这样的双重身份,她不仅很快适应,而且协助周恩来在外交领域做了很多工作,并处处以身作则。

中华人民共和国成立初期,党中央抽调一批干部和军队将领到外交战线工作,一些外交官夫人需要随行出国。当时,这些外交官的伴侣都有自己的

事业和工作岗位,她们对以"夫人"身份随丈夫出使国外想不通,就推举两位代表要求见周恩来。

因工作繁忙,周恩来委派邓颖超看望大家,并和大家沟通交流。邓颖超从自己的经历出发,剖析了自己作为"周恩来夫人"的心路历程,希望在座的各位在听到"夫人"这个称呼时不要觉得难受。她说,大家应该认识到,外交战线上,男女同工同酬、同工同名,外交官夫人同样也是从事革命工作,而且这一工作非常重要,必须谦虚谨慎、小心细致。邓颖超的讲话入情入理,外交官夫人们放下了思想包袱,愉快地跟随丈夫走上外交工作的新岗位。

邓颖超始终主张,对外交官夫人所承担的工作,应当放在一个适当的位置,要恰如其分,既不应过分突出,也不应贬低或轻视它。她本人就是这样做的。邓颖超建议周恩来,在他代表国家进行重要的国务和外交活动时,只以周恩来一个人的名义,不要加上邓颖超的名字,否则就不符合她作为女性、作为共产党员的独立性。她只在必要场合,作为"夫人"出席外事活动,配合周恩来开展工作。在外交事务中,她也保持着自己一贯的谨慎和细致作风。

作为全国妇联的领导人,邓颖超一直关心外交官夫人队伍的成长,并十分重视对她们进行培养和引导。她提出，外交部要关心和培养女干部，驻外使馆要为开展夫人工作创造便利条件。她还经常接见回京休假的外交官夫人，召开夫人座谈会，和大家促膝谈心。她希望大家热爱本职工作，努力学习外交方针、政策和外语，熟悉国际形势和驻在国情况，不断提高政治水平和业务水平，努力做好夫人工作；还要团结全使馆同志，特别是搞好女同志的团结工作。对于夫人们反映的困难和思想困惑，她总是耐心解答，帮助解决，给大家以无限的鼓舞。

20世纪60年代初，邓颖超积极推行夫人外交工作。周恩来对此也非常重视。在他的关怀下，国务院外事办公室特意设立了"夫人工作小组"，邓颖超担任顾问。她还为这些大使夫人争取到参加使节会议和阅读党内文件的权利。

1964年，周恩来出访回国后召开大使会议，夫人们也参加了。邓颖超在会上讲话，谈到要建立社会主义国家夫人工作的新风尚，既不能过分突出自己，也不能自己泄气。大使夫人、参赞夫人要把使馆的同志团结在一起，要朴素大方，以身作则，勤奋工作，努力学习，树立新中国妇女的良好形象。她还殷殷叮嘱夫人们："要同驻在国的官员夫人、其他国家的使节夫人建立友好关系，向她们宣传中

1960年,周恩来和邓颖超在密云水库的留影

1960年12月,邓颖超陪同毛泽东会见西哈努克亲王及其夫人

国的成就，扩大中国的影响。可以从侧面了解某些重要情况，起外交工作的辅助作用。"

1979年7月，外交部召开第五届使节会议。会议后期，全国妇联召开驻外女干部座谈会。邓颖超在会上作了题为《新形势下如何做好夫人工作》的讲话。她强调了做好夫人工作的重要意义，提出应从战略高度、从发展国际反霸权妇女统一战线的需要，认识妇女工作的性质和作用。从数十年的经验和体会中，她感到夫人工作应放在恰当的位置上，不可轻视，也不可过于强调。夫人的地位和丈夫的职务地位应有所区别，不能等同。做夫人工作必须从实际出发，因地制宜。

作为周恩来这位伟大外交家的夫人，邓颖超一贯谦虚谨慎，和周恩来默契配合，相得益彰，为党和国家建立有中国特色的外交夫人工作起到了特殊的重要作用。

"完璧归赵"

遵守保密纪律的模范

作为党的保密战线的开拓者和领导人,他养成了保密的习惯。她也从来不向他打听,不该她看的文件,她从不去翻阅;每次进他的办公室,都习惯地敲一下门才进去。

"老伴呀,你出国可算回来了!我赶快把这个信封还给你!"话音刚落,邓颖超就把一个信封塞给了周恩来。"完璧归赵"后,邓颖超如释重负。这是怎么回事呢?原来,信封里装的不是别的,而是周恩来办公室和保险柜的钥匙。

周恩来是遵守党的保密纪律的模范。据周恩来、邓颖超的秘书赵炜讲,周恩来平时有两件东西是从

1961年4月,周恩来、邓颖超在北京西苑机场的合影

不离身的：一件是他的那只老手表，另一件就是办公室和保险柜的两把钥匙。周恩来平时把钥匙放在衣服口袋里，睡觉时压在枕头底下，只有出国时才交给邓颖超保管。邓颖超曾撰文回忆道："我像接受保密任务似的把钥匙收藏起来。有次他走得匆忙了，直到飞机场上才发现钥匙还在口袋里，他就封在信封里让一个同志带给我。他回来的时候，我们接触的第一件事，就是把两把钥匙还给他。"平时，周恩来保险柜里的东西都是他亲自取放，至于里面放的是什么，邓颖超都不知道。

周恩来是党的保密战线的开拓者和领导人。他长期领导党的地下工作，养成了保密的良好习惯。为了保守党的秘密，周恩来的文件保管，都制定有极为严格的制度。他身边的秘书凡分管哪方面工作的，就看哪方面的文件，不允许随便看无关的文件。而对他们分工范围内的事情，周恩来则充分提供条件让他们熟悉业务。即使秘书分工范围内的事项，属于特别机密的，周恩来也要等到必须经办时才告诉有关人员。秘书们都说周恩来纹风不透。凡是写给周恩来的亲启信，按照规定，别人都不能拆。秘书在经手时如果不慎误拆了，必须立即封好，并在信封上加以说明，是失手误拆，以后注意。

总理办公室，是周恩来每天工作十几个小时的地方。除有关人员，别人都不得入内，亲属、朋友如果不是来谈工作的，也不例外。邓颖超虽是总理的夫人，但对党内的事情，不该她知道的，她从来不向周恩来打听；不该她看的文件，她也从不去总理办公室翻阅。每次她进周恩来的办公室，都习惯地敲一下门才进去。

在一般人看来，凡是周恩来知道的事，邓颖超一定也会知道，其实不然。周恩来逝世后，有人和邓颖超聊天时谈到一件事，邓颖超听后一脸狐疑。那人惊奇地问："怎么？邓大姐你不知道呀？"邓颖超说："你们别以为恩来知道的事我全知道，没有那么回事。"

在遵守党的保密纪律这方面，周恩来和邓颖超在党内作出了表率。

"贤内助"

主动承担教育晚辈的责任

> "我不能派车接你们……"
>
> 她的这番话让侄儿侄女记住了一辈子。她主动承担起教育晚辈的责任,让他有更多时间心无旁骛地投身于党和国家的事业。

　　周家是一个大家庭,像普通家庭一样,也有生老病死、上学就业等问题。周恩来把家风建设摆在关系党的生死存亡的战略高度,越是同他关系亲近的人,他就越严格要求,这是他处理亲属关系的一个重要原则。由于周恩来日理万机,家里很多具体的工作、琐碎的事情,他都委托邓颖超处理。邓颖超是他的贤内助,帮他做了不少工作。

周恩来要求晚辈不要像坐享其成的八旗子弟，要靠自己的双手养活自己、养活家人。邓颖超主动承担起教育周家晚辈的责任。1949年9月，她与侄女周秉德谈话时说："共产党干部与历朝历代当官的有一个最大的不同，就是全心全意为人民服务，当人民的勤务兵，而绝不允许'一人当官，鸡犬升天'的封建意识抬头！在成长的道路上，你不要想靠伯伯的任何关系，事事要靠自己的努力！"

由于住房小、孩子多，周同宇的孩子周秉德、周秉钧、周秉宜、周秉华平时住在寄宿学校，周末和假期回到西花厅。

1952年7月初的一天，八一小学开始放暑假。同学们都收拾好自己的行李，在各自的宿舍里焦急地等着，广播里通知谁家大人来了，孩子就兴高采烈地提起行李冲出门。

周秉钧在八一小学上四年级，妹妹周秉宜刚读一年级。第一天在焦急的等待中过去了，第二天又过去了。只有同学减少，却不见有人接自己，刚上学的秉宜嘟起了小嘴。第三天，除了几个家住外地的同学，家住北京的同学都走了。周秉宜胖乎乎的小脸蛋上挂起了泪珠。看见妹妹哭，秉钧着急了，找老师要了一个信封和一张纸，趴在桌子上写了一

邓颖超与侄辈周尔辉、周秉钧、周秉宜在西花厅的合影

1953年10月24日,周恩来和邓颖超乘火车赴上海

封短信：

七妈：

　　学校放假了，请派个车来接，因为有行李。

秉钧

　　信封上写有"中南海邓颖超收"字样。秉钧觉得"因为有行李"，理由很充分，七妈一定会派车来接的。没想到，周恩来的卫士骑着自行车来了，还雇了两辆三轮车：秉钧和秉宜坐一辆，另一辆放行李，一个多小时才到家。邓颖超见了侄儿、侄女，先道歉："对不起，孩子们，我不知道你们放假了，使你们回来晚了。"但她接着严肃地说："我不能派车接你们，汽车是国家给你伯伯工作用的，你们是普通学生，不能享受，懂吗？"七妈的这番话，让侄儿、侄女记住了一辈子。

　　1964年8月的一个周末晚上，周恩来给北京应届大学毕业生作报告。之前，周家亲属周国镇听说了，打电话来要票。邓颖超接的电话，告诉他要按照自己工作岗位的安排，有票就听，拿不到票就不去听，反正不能走家庭路线。与此同时，小咪（指秉宜）和侄儿尔辉、侄媳桂云都要求去，周恩来卫

士长成元功为他们几个人求情,说:"总理办公室的人都可以去,也让他们几个孩子跟着去听吧。"邓颖超严肃地说:"这不一样,办公室的人去,是组织上的决定,但小咪、尔辉、国镇不能因为他们的伯伯或爷爷去作报告,他们就可以去听,这是政治性的活动,不应该不按组织关系办。"

邓颖超意味深长地说:"我要求我们的家庭成员,不要因为咱们家中有个国务院总理,就任何活动都想参加。你们有困难,我们的工资可以帮助你们,毫不吝惜,但我们从来不利用工作职权来帮助你们解决什么问题。你们也不要有任何特权思想。我们要把家庭关系和组织性、原则性区别开,不要搞乱,搞乱了势必犯错误。家庭内的关系,要服从组织性、原则性,要公私分清。"

有了邓颖超这个"贤内助",周恩来可以有更多时间心无旁骛地为党和国家的事情日夜操劳。

远方的惦念

> 灯下作书聊以寄意
>
> "你回来时,我将会更有精神地去欢迎你。握手拥抱。"自他走后,她亦是疲忙不堪,亦无余情余力念远人。灯下作书,引起了怀人心绪,聊以寄意。

  中华人民共和国成立后,在党和政府领导下,经过三年多的艰苦奋斗,国民经济得到全面恢复,并有了初步发展,这为新中国进行经济建设奠定了基础。着手编制第一个五年计划,成为当时经济建设中的一件大事。1952年7月10日,周恩来致信毛泽东并刘少奇、朱德和陈云等人:"在七月份我拟将工作中心放在研究五年计划和外交工作方面。

其他工作当尽量推开。"并在信中建议邓小平担任政务院副总理，请他8月来京主持一段时间的政务院工作。

8月15日，周恩来率领中国政府代表团访问苏联，就中国的"一五"计划多次与斯大林等人进行商谈。因事关中国工业化实现的途径，周恩来慎之又慎，耗费了大量精力。

邓颖超担心周恩来的身体健康，她知道8月的莫斯科天气已经转凉。在周恩来走后，她寄去一件毛背心，给在异国他乡的周恩来送去温暖。不久，杨尚昆告诉邓颖超近日有专人专机去苏联，问她有何要带的东西。邓颖超于8月26日写了一封信：

恩来：

一转眼你走了已十天了。尚昆告我最近有专机专人去你处，便中带几个字寄远人，但我想你忙得未必有时间更不见得有情趣看。我这里自你走后亦是疲忙不堪，亦无余情余力念远人。灯下作书，引起了怀人心绪，聊以寄意吧。你走后，小平按日按时来办公，但我和他的关系，亦和你一样，犹如参商二星，十天仅见了两次面，他未来我已外出，我未归他已离去也。

……

莫京气候如何？望注意保重身体。

祝你好！

"犹如参商二星"，从侧面我们可以看出周恩来、邓颖超工作之繁忙，夫妻间很少能见上一面。

心有灵犀一点通。第二天也就是8月27日，周恩来给邓颖超写信，向她述说到达莫斯科后的情况：

超：

背心收到了，但没见你的来信。我来此睡眠尚好，每天约在午夜一二时就寝，上午十时左右起床。精神甚好，惟体重有增加趋势。除工作外，我们几每晚有电影看，参观则尚未开始。斯大林格勒拟在九月初前往访问，何时归来，现在尚难预计。匆匆。

问你好！

收到周恩来的信后，9月5日，邓颖超复信，在信中述及得知周恩来睡眠和起床时间的秩序皆有所改进，甚是欣慰。她希望周恩来在回国后争取坚持下去。同时，她也向周恩来述说了自己一年多来的连续工作，疲劳日积月累，近日难以为继。医生

1952年8月,周恩来率中国政府代表团访问苏联,与苏联领导人商谈关于中国第一个五年计划等问题

叮嘱她必须卧床两周治疗并进行休养。这时,邓颖超已移住"新北京",即今万寿路一带的一处中央首长的休养所。她在信中说:"四日卧床休息的结果,已深感疲劳滋味,今日始稍转轻……我来此后的情况可以两语告你:五中疲惫,四肢无力;卧床静息,易念远人也。"

由于周恩来在苏联异常忙碌,没有时间给邓颖超回信。邓颖超通过内部快件,看到周恩来接见蒙古人民共和国部长会议主席泽登巴尔的照片。9月11日,她又给周恩来写了一封信,说看到他的"脸儿已较前丰满了一圈，体重可能是增加了"。邓颖超心心念念的就是周恩来的健康，因此在信中特别强调："但望你务必加以运动的调剂，早操之外，还要户外多散步，赤都此时气候亦还相宜也。"

9月22日，周恩来率领中国政府代表团圆满完成任务，从苏联启程回国。听闻丈夫即将回国，邓颖超一颗悬着的心放下了。正如她在信中所说的"你回来时，我将会更有精神地去欢迎你。握手拥抱"，对周恩来的惦念之情，邓颖超溢于言表。

热情和理智相交

书信花叶寄想念

他收到她的信,信中夹着他喜爱的海棠和寄托相思的红叶。他托身边工作人员采摘了驻地院子里的芍药花和蝴蝶花,压制成标本,夹在写给她的回信之中。

1954年4月,为和平解决朝鲜问题和恢复印度支那和平问题,周恩来率中国代表团赴瑞士日内瓦参加国际会议。会议持续了3个多月。在那紧张的日日夜夜,周恩来常常顾不上吃饭和睡觉,夜以继日地工作。这是新中国在成立后第一次应邀参加重大国际会议,有重要意义。

此时,邓颖超由于身体原因,移居北京郊区新

1953年11月,周恩来和邓颖超在上海去电影制片厂观看我国第一部彩色影片《梁山伯与祝英台》

1954年5月日内瓦会议期间,邓颖超赠送给周恩来的枫叶

1954年日内瓦会议期间,周恩来回赠给邓颖超的花

寓疗养，但无时无刻不牵挂着远在日内瓦的周恩来。她深知周恩来此去的任务是何等艰巨，每天都从报纸、收音机搜集着相关消息，一方面关心日内瓦会议的进展，另一方面则是希望能从中得到周恩来的消息。

当年5月4日，是五四运动35周年纪念日。这是一个特殊的日子，对于中国青年、中国人民和周恩来、邓颖超两人都有着非比寻常的意义。邓颖超看着窗外的景色，思绪却回到那个战火纷飞的年代。回想起与周恩来相识以来的点点滴滴以及他们并肩战斗的革命生涯，邓颖超倍加思念亲人，不知此刻身在远方的周恩来，面对复杂多变的外交战，又是何等忙碌！想到这里，邓颖超起身来到户外，在寓所周围的山坡、清泉旁边，精心挑选采摘了几朵野花，同时写了一封热情洋溢的信，将采来的野花和早已压制成标本的几束西花厅的海棠花夹在信中，一并托信使捎给周恩来，希望能给他忙碌的工作增添一份生活的情趣。她在信中这样写道：

恩来：

今天是中国青年节——五四运动三十五周年纪念日。这个日子，是中国青年、中国人民以及你我二人的一个多么可纪念的节日。回忆当年，回忆三十五年来所经历的过程，又是如何使人引起深长的、复杂的、亲切的心情啊！……

你们站在紧张、复杂、尖锐的国际斗争的战线上，正为着保卫世界和平、制止新的战争的庄严的事业而努力，多么使人关切和向往着你们。……

在郊区的山坡、泉水之旁，采了少许野花，又选上二三朵家花，一并随信寄你，给你的紧张生活，加上一些点缀和情趣。……

小超
1954.5.4

5月22日，邓颖超又托信使捎去一片红叶。装红叶的袋子上和贴红叶的衬纸上分别写着："请交恩来留念，祝日内瓦会议获得成就。""枫叶一片，寄上想念。"

海棠，是周恩来最喜爱的花，红叶则寄托着相思，表达着情谊。邓颖超将对周恩来的殷殷思念之情寄托在了这花叶之中。

周恩来收到邓颖超的信，看到信中夹着他喜爱的海棠和寄托相思的红叶，脸上露出了灿烂的笑容。他记起了早在中央苏区时，感情细腻的邓颖超喜欢

利用"霜重色愈浓"的红叶传情,表达对他的思念之情。现在他又收到了妻子以鲜花、红叶压制的标本和字里行间洋溢着激情的书信、祝词,还有什么能比这来自亲人满怀深情的慰问,更能让人感到慰藉和温暖呢?

为了感谢妻子的惦念、牵挂、支持、期望,周恩来托身边的工作人员采摘了一些日内瓦驻地院子里的芍药花和蝴蝶花,压制成标本,夹在写给妻子的回信之中,托信使带给邓颖超。信中这样写道:

超:

你的信早收到了。你还是那样热情和理智交织着,真是老而弥坚,我愧不及你。

来日内瓦已整整七个星期了,实在太忙,睡眠常感不足,每星期只能争取一两天睡足八小时。所幸并未失眠,身体精神均好,望你放心。

陈浩、成元功两同志催我写信数次。现在已经深夜四时了,还有许多要事未办。明日信使待发,只好草草书此,并附上托同志们收集的院花,聊寄远念。

周恩来
六月十三 夜

书信虽短,却饱含深情。邓颖超收到周恩来的信和回赠她的来自日内瓦的花后,精心地把它们镶嵌在一个镜框内,挂在床头。海棠花、红叶和芍药花、蝴蝶花,成了传递两人相思的使者,成了他们隽永爱情的美好象征。这是一种能穿越时空的浪漫,更是两位伟人忠贞不渝爱情的见证!

精心挑选的礼物

一块瑞士手表

参加日内瓦会议,即使再忙,他也为她选了礼物带回去。他仔细看了看手表,又特意把台灯关了,试了试夜光效果……她非常喜欢这块手表,戴了很多年。

在日内瓦会议上,周恩来表现出坚定的立场、敏捷的思维、灵活的应变能力和儒雅的风度,使与会其他国家的外交官们为之折服。

会议期间,即使工作再辛苦,周恩来心中也仍然惦念着邓颖超。6月下旬,日内瓦会议暂时休会,在离开日内瓦前夕,周恩来决定要为妻子带点礼物回去。他想到,邓颖超经年工作,却没有一块称心如意的手表，而瑞士手表享誉世界，物美价廉，如果能送给妻子一块适合的手表就好了。

　　一天晚上，周恩来趁洗澡的时候问卫士长成元功："公家发给我的零用费够不够买一块手表？"得到肯定的答复后，周恩来嘱咐成元功说："明天同领事馆的同志去给大姐买块手表，要求是：不要买金表；不要太小，要中等大的；要带夜光的；最好是自动的。"周恩来提的这四点要求是经过了反复的考虑，最适合邓颖超的：金表过于奢侈，他们夫妻二人一直很俭朴，从不购置、使用豪华带金的物品；如果表太小了，已经50岁的邓颖超难免看不清；表有夜光，晚上不需要起身开灯就能掌握时间；表是自动的，就省去了每天给它上发条的功夫。

　　第二天，成元功按照周恩来的吩咐联系了领事馆主管行政工作的刘绛文，请她派一个人一起上街买表。第一天，他们去了好几个大表店，找了一上午，也没找到合乎四条要求的手表。第二天上午，成元功又同那位同志上街买表。这次专门到中等表店找，找了多家表店，最后终于找到符合四条要求的手表了。

　　当天晚上，成元功拿着买来的表交给周恩来，

244　　情长纸短　吻你万千

1954年日内瓦会议期间,周恩来在代表团住所办公

周恩来在日内瓦会议期间为邓颖超买的手表

说:"给大姐买的手表买到了,不是名牌表。"周恩来仔细看了看这块表,又特意把台灯关了,试了试夜光效果,满意地说:"你帮我收起来,等回去送给大姐。"成元功找了个盒子,用软纸把表包好,装在盒子里,外边又用胶条封好,放在周恩来的衣箱底部。周恩来带着它,又访问了印度、缅甸后,才回到西花厅,将这块表送给邓颖超。邓颖超收到后,惊喜异常。周恩来能在百忙之中还挂念着自己,让她倍感欣慰。邓颖超非常喜欢这块手表,戴了很多年。

一份工作细则

坚持"保政治影响"

她明白,他心中时刻装着人民,时刻装着党。因此,她时时注意"保政治影响",要求一言一行都要从党和人民利益出发,只能给党增添光彩,绝不能有损党的声誉。

周恩来担任总理后,夙兴夜寐、日理万机,每日通宵达旦地工作,为新中国建设倾注大量心血。对于周恩来这种忘我的工作精神,邓颖超看在眼里,疼在心上。为了调节周恩来的工作和生活,确保他以充沛的精力处理党和国家的大事,邓颖超无微不至地关怀着周恩来生活的各个方面。

20世纪50年代初,周恩来身边的工作人员制

1955年,周恩来和邓颖超在八达岭长城的合影

周恩来、邓颖超与周秉德、周秉宜、周秉钧在颐和园的合影

定了一个工作细则,其中提出要对首长进行"三保",即医生保健康、警卫保安全、秘书保工作。邓颖超亲自审阅了工作细则,经过慎重考虑,又添加了一条保"政治影响"的任务,并向工作人员详细讲了政治影响的重要性,批评了一些脱离群众的做法。

邓颖超提出这条意见,是因为她了解周恩来始终将共产主义作为自己终生的奋斗目标,一心做全心全意为人民服务的公仆,而不是高高在上、作威作福的老爷。不论是她还是周恩来身边工作人员,只有秉公处理每一件事情,并力求使之符合党和人民的利益,才不失自己的职责,才不会给周恩来造成不好的影响。

此后,邓颖超一直协助大家做好"四保"工作。凡是需要她做的事,邓颖超都以家属和党员的身份配合完成。如果需要工作人员做什么事,她也总是用民主的态度和商量的口气提出要求。对于大家工作中出现的问题,她也及时指出。

一次,周恩来的侄女周秉德央求卫士长成元功带她去看苏联芭蕾舞演出。由于这次是给中央首长的专场演出,一般不允许带孩子进去,但成元功一时心软,同意了。这件事传到了邓颖超的耳中,她立刻把成元功叫到她的房间,坦诚地进行了交流。

邓颖超说:"小成,你今天做了一件没有原则的事情,知道吗?"她的脸色不太高兴。成元功知道其中的原委,没敢吱声。"去年你们制定工作细则,提出三条保证:保工作、保安全、保健康。我看了以后又给你们加了一条,你还记得吗?"成元功回答:"记得,保政治影响。""是啊,小成,这四条看起来简单,做起来并不容易。就说看戏吧,如果大家都随便带人去,又怎么能保证中央领导同志的安全呢?而如果我们家带了小孩又不让别人带,别人会怎么说,影响好吗?这些你考虑过吗?"邓颖超语气缓和了一些,但依然很严肃。成元功继续为秉德求情:"大姐,这件事是我考虑不周,没有按制度办事。不过秉德那么盼望去,现在……"邓颖超打断说:"孩子小,以后有的是机会。要教育他们不搞特殊,和老百姓过一样的生活。"

邓颖超明白,周恩来心中时刻装着人民,也时刻装着党,他很珍惜党的名誉,时时处处按制度办事,注重维护党的名誉。因此,她时时注意"保政治影响",要求自己、亲属和身边工作人员的一言一行,都要从党和人民利益出发,只能给党增添光彩,绝不能有损党的声誉。周恩来、邓颖超都终生践行了这一点。

羊城之行

值得记忆的地方

三十年来他和她的共同生活，多是在患难与共、艰苦斗争、紧张工作中度过的。她接连收到他写来的两封信，触动了心弦，唤起了回忆。

1954年11月3日，周恩来飞赴广州，与毛泽东、刘少奇、李富春等一起审核修改《中华人民共和国发展国民经济的第一个五年计划草案（初稿）》。邓颖超由于疾病缠身，未能与周恩来同去广州。

广州，是周恩来和邓颖超婚姻生活开始的地方。到达广州后，在一次驱车外出时，周恩来偶然发现了他和邓颖超结婚时住过的广卫楼，对邓颖超的思

1959年,周恩来、邓颖超在广州的合影

念之情油然而生。11月9日,他致信邓颖超:

> 你的休养情况如何?这次没能同来广州,许多同志问到你,我也有时想到你。昨天车过广卫路,发现了广卫楼,快三十年了,不能不引起回忆。明天拟再过万福路,看看南华银行大楼在否?据蔡大姐说,她经过文明路,已看出区委的旧址,我却没有看出。文德路又是什么机关在过?三月二十事变,我们是否住在那条街的巷子里?
>
> 希望你来信,将休养情况告我。此地冬季似较当年为暖,现在室外日光下的温度在三十度左右,水中在二十五度上下。你如觉得易地休养较好,月中来此住到十二月中再回,也是一个办法。你如同意,我是欢迎你来的,并可更好准备精神参加党的代表会议。如认为移动徒增担负,难得休息,此议即可作罢。

可以看出,周恩来非常尊重邓颖超,给她提出两种建议,供她选择。13日中午,周恩来读了邓颖超秘书张元写给他的警卫秘书何谦的信,得知邓颖超的体力仍弱,不能执笔,甚为担心。这天夜里,周恩来继续给邓颖超写信,关切之情跃然纸上:"羊城之行不可能了，但望你安心静养，归京时能看到你有进步，那就最高兴不过了。明日将与你试通电话，如你尚不能起床，即与张元一谈。"在信中，周恩来还告诉邓颖超他在广州一切甚好，望她放心并祝她安好。

邓颖超接连收到周恩来写来的两封信，触动了她的心弦，唤起了她大革命时期在广州的回忆。往事历历在目，她思索：既不能与周恩来同游旧地，如果又一字不回他的两封来信，"岂非倍增歉憾？！"邓颖超打起精神，于11月16日在病后试笔，满怀深情地写了一封回信：

恩来——我亲爱的老伴：

……

羊城，是多么值得纪念和易引起回忆的地方！它是我们曾和许多战友和烈士共同奋斗过的地方，又是你和我共同生活开始的地方。三十年前你和我是天南地北害相思，这次我和你又是地北天南互想念。三十年来我和你的共同生活，多是在患难与共、艰苦斗争、紧张工作中度过的。这次你总算得到比较过去稍休闲的机会，可惜我因病不能偕行与你共游旧地，但我仍为你喜且美，每在静默中，心向往之，

1954年11月16日，邓颖超致周恩来的信

当和你有不少共鸣的回忆。希望以后有机缘能和你再去共游也。

"三十年来我和你的共同生活，多是在患难与共、艰苦斗争、紧张工作中度过的。"这段话道出了两人生活的常态。为了使周恩来安心工作和休养，邓颖超在信尾写道：

我无论对什么环境、什么工作，以及对疾病的斗争，一贯都能安心，不致发生什么情绪问题。这次亦复如此。近几日来，我的身体各方面都有进步，待你归来相见时，必能使你高兴的。先此告慰。

    周恩来曾说，他要找的另一半是一辈子能从事革命工作，能经受住革命的艰难险阻和惊涛骇浪的伴侣。透过信尾这几句话，可以清晰地感受到邓颖超坚强和独立的人格，而这正是周恩来看重她非同寻常的地方，也是他们的爱情能够长久的秘诀之一。

减压

想方设法让他休息

> 两个小家伙跑前跑后,他牵着孩子们的手在院中悠闲散步赏花。她童心未泯,手中还抱着精致漂亮的洋娃娃。这短暂而美好的时光使他得以暂时休息。

1955年4月,由印度、印度尼西亚、缅甸、巴基斯坦和锡兰(今斯里兰卡)五国发起的亚非会议即将召开,因会址设在印度尼西亚的万隆,故也称"万隆会议"。这是亚非国家和地区第一次在没有殖民国家参加的情况下讨论亚非人民切身利益的大型国际会议。经中共中央研究决定,周恩来率领中国代表团参会。

出发前，周恩来紧张有序地做着出席会议的一系列前期准备工作。恰在此时，他却患急性阑尾炎住院。3月12日做手术，两天后他在医院又开始工作了，直至28日出院。周恩来并没有因做手术而得到休养。

这次毕竟是出远门，况且还要带病"出征"，肩负繁重的外交任务。怎么才能让周恩来尽量多休息呢？聪明而又睿智的邓颖超想出一个妙招：让周恩来的弟弟周同宇、弟媳王士琴带着他们的一双小儿女周秉和、周秉建到西花厅，以此让周恩来休息一下，享受天伦之乐，同时权当为他们的兄长、伯伯送行。

4月3日这一天，是春光明媚的星期天。周同宇夫妇带着周秉和、周秉建来到西花厅，此时的海棠花刚刚绽放，淡雅清香。在迈入院子的时候，秉和与秉建还没来得及高兴地大喊大叫，就被妈妈善意提醒：要安静，不能大声说话，更不许乱喊乱叫，因为你们的伯伯在办公。果然，一进后院大门的走廊，隔着玻璃窗就看到周恩来在办公室里繁忙地工作着。这时，邓颖超已经站在小客厅门口笑眯眯地迎接周同宇一家的到来，她见到秉和、秉建，更是高兴得不得了。邓颖超一边向弟弟、弟媳点头微笑

1955年4月,在邓颖超的邀请下,周恩来卫士韩福裕抱着出生一百天的女儿到西花厅做客

致意欢迎,一边把侄儿、侄女亲了又亲,然后才请一家人落座,开始交谈。周恩来则绝不会因为弟弟的到来而放下手里工作的。

周秉和与周秉建两个娃娃的到来,成为力劝周恩来临时休息的最好理由和帮手,也为邓颖超和西花厅的工作人员临时解决了一个大难题!两个小家伙跑前跑后，周恩来牵着他们的手在院中悠闲散步赏花。邓颖超童心未泯，手中还抱着一个精致漂亮的洋娃娃。这短暂而美好的时光使周恩来得以暂时休息。

为了能让周恩来减少出行前身心的压力，同一天，邓颖超还邀请了周恩来的卫士韩福裕和妻子霍英华带着他们的二女儿韩建梅来西花厅。那天刚好是韩建梅出生的第100天，尚在襁褓中的小建梅由爸爸抱着，周恩来和邓颖超围过来端详着孩子，眼神中满是爱意。临走时，周恩来特意出来送别他们。韩福裕抱着孩子，顺便陪着周恩来在西花厅散步。这是周恩来繁忙工作中难得的休息时间。卫士长成元功抓拍了照片，留下这幸福时刻。

送走客人后，周恩来又一头扎进办公室。邓颖超的精心安排，缓解了他的疲劳。四天后，即4月7日，周恩来乘飞机离开北京飞往昆明，精力充沛地去参加具有历史意义的万隆会议。

文仗如武仗

危险的万隆之行

信的开头称呼他为"最亲爱的人",而落款则是"你的知己兼好妻",这在他们所有通信中是绝无仅有的,她对他的一片深情跃然纸上。

正当周恩来为万隆之行积极准备的时候,台湾特务组织获悉周恩来将乘坐印度航空公司飞机赴印度尼西亚参加亚非会议,将定时炸弹安放到飞机上。飞机在飞行途中爆炸,机上除了3人获救外,乘客和机组人员全部遇难,其中包括中国和越南政府代表团工作人员以及中外记者共11人。这就是震惊中外的"克什米尔公主号"事件。周恩来因为事前改变行程，先往缅甸与吴努总理会晤而幸免于难。

事件发生后，周恩来不顾敌特阴谋暗害的巨大危险，毅然决定和陈毅副总理率代表团按原计划乘印度空军"空中霸王号"飞抵万隆，出席亚非会议。

由于敌情十分严重，邓颖超心中十分不安，4月10日，她给在昆明短暂停留的周恩来写信，认为"这次蒋贼是蓄意决下毒手施行暗害的"，提醒周恩来"必须严密警惕，仔细机警"，同时为了避免周恩来挂念自己，她也强调："请你放心，我不会因为这些致引起我的悬念不安。虽然偶一念及，亦难禁忐忑，但一想到人民的利益，想到我们正从事着前人从未做过的光辉伟大的事业，则就忘我而处之泰然了。何况还有三十多年的经历和考验哩！"她深知，为了国家利益，周恩来此次的万隆之行是无法改变的，他必须迎着危险前行。信的开头称呼周恩来为"最亲爱的人"，而落款则是"你的知己兼好妻"，这在他们所有通信中是绝无仅有的，对周恩来的一片深情跃然纸上。

周恩来于4月12日给邓颖超回信，"感你的好意和诤言"，同时安慰了焦虑中的妻子，在信中展现出了异乎寻常的冷静和胸有成竹。他深知"文仗如武仗，不能无危险"，但他毫不畏惧，依然决定带领中

1955年4月10日，邓颖超致周恩来的信

1955年4月12日，周恩来致邓颖超的信

国代表团出席万隆会议，完成党和国家交给的任务。

为了让邓颖超放心，4月13日，周恩来有意将爆炸事件发生后他们在昆明的生活情况，写信向邓颖超一一通报，还特意附上云南大学学生的来信和两张戏单，想使邓颖超紧张的心情松弛下来。这一切都是周恩来刻意所为，其中饱含着他对妻子的深度体察和关爱。

收到周恩来接连寄来的两封信，邓颖超的心稍稍地安定一些，但仍然关注着远方的消息。她深信周恩来一定能够克服各种困难，完成使命。

正如邓颖超所预料的那样，周恩来于4月17日傍晚抵达万隆，受到热烈欢迎。会议期间，周恩来提出的"求同存异"主张以及由和平共处五项原则引申和发展出来的"万隆会议十项原则"，得到与会国家的高度赞同。经过艰辛的努力，新中国的和平外交政策给与会代表极大的影响，亚非会议取得极大的成功。

5月7日，周恩来载誉归来，刚刚病愈的邓颖超不顾自己虚弱的病体，亲自到西郊机场迎接他。当周恩来走下飞机的舷梯时，邓颖超迎上去与周恩来的手紧紧握在一起。所有的思念、担忧，全凝聚在这握手和微笑之中了！

夫妻相处之道

在感情与政治相互渗透中发展

> 她和他兴趣广泛，志趣高雅，在繁忙的工作之余，都喜欢欣赏戏曲、电影等文艺节目，在一起交流感受，使生活充满情趣。

周恩来、邓颖超与著名越剧表演艺术家袁雪芬结下了深厚友谊。1955年2月7日，邓颖超在写给袁雪芬的信中，总结她与周恩来将满三十年的夫妻关系，认为能够相处得比较好，能够巩固至今，最主要的一个条件也是一条经验："那就是感情与政治相互渗透，相互结合起来，而又以政治为主导去加以处理，加以发展，在不断地改进着而得以巩固

1960年，周恩来、邓颖超与袁雪芬的合影

的。"这是邓颖超对婚姻关系的真知灼见。

　　1956年，袁雪芬结婚了。邓颖超得知喜讯后，立即写信，送上衷心的祝福。她还得知，袁雪芬结婚没有举行任何仪式，只是办了登记手续，认为：

"这样做很好,是完全合乎婚姻法的,虽然很简单,但是既严肃而又朴素。这样的新风气,应该加以提倡的。"

邓颖超认同袁雪芬所说的"两个人生活与工作问题,实是新的课题"。她在信中写道:"这首先须要客观,还加上政治。互爱、互敬、互勉、互助、互信、互谅、互慰、互让,这是我在十五年前在重庆为新婚和已婚的人提出应努力的'八互',现也提供你们参考。"

袁雪芬在信中跟邓颖超述及婚后"单一的生活节奏正在起着变化"。邓颖超深有感触地说:"这是复杂的,但又是在发展着变化着的,因此,必须善于处理。"因为"婚后夫妻生活,亦是一种艺术和科学,需要像对待艺术和科学一样对待它"。她希望袁雪芬夫妇去创造性地建立美好幸福的生活。

邓颖超不仅建议友人这样,她本人也善于创造性地调剂夫妻生活。她和周恩来兴趣广泛,志趣高雅,在繁忙的工作之余,都喜欢欣赏戏曲、电影等文艺节目,在一起交流感受,使生活充满情趣。

"文化大革命"之前,为了让周恩来得到较好的休息,在星期天没有特殊事情的时候,秘书们尽量不给他安排日程,为的是让他身心都能得到一些放松。周恩来和邓颖超会利用这难得的闲暇,一起到公园散散步,或者到剧场看看演出。在给袁雪芬的信中,邓颖超写道:"最近在北京正有话剧会演,我和我的他,是在忙里抢看了二三次。"有时周恩来、邓颖超邀请朋友、亲戚到家里做客聊聊天,有时夫妇俩看看电影。电影一般是文化部推荐的影片,目的是请周恩来审查。周恩来点名要看的多为轻松的、彩色的电影,如《女篮五号》《女跳水队员》《冰上姐妹》《早春二月》等,邓颖超和西花厅的工作人员及家属陪着周恩来一块儿看,西花厅充满了欢声笑语。

可以看出,为了维护好夫妻关系,在以政治为主导的前提下,根据两人的兴趣爱好,邓颖超不时增加一些调味剂,给夫妻俩紧张忙碌的生活增添了很多趣味。

"至于外貌不是主要的"

对侄女恋爱的三点建议

他们考虑伴侣时,都是把一个人的理想追求、作风品格放在第一位,从这一点去考查一个人,其他方面都是次要的。

1958夏,周恩来侄女周秉德经人介绍,认识了一位正在莫斯科留学的大学生。两人见了几次面后,感觉挺好。周秉德有意和他发展感情,想征求一下伯伯和七妈的意见。当时周秉德正在密云水库工作,便给七妈写信详细介绍了两人交往的情况。

邓颖超非常重视侄女的恋爱,但她尊重侄女。在给侄女的回信中,邓颖超写道:"这是关系到你的终身大事问题的信,我应该也必须把我的意见快答复你,不过这只是供你参考,决定问题,还是应该由你自主。"

对周秉德来信谈到的问题,邓颖超谈了三点意见。首先,她表扬侄女在处理个人问题时的立场完全正确。周秉德在来信中说应该绝对服从组织的分配,"个人问题,到时候再根据情况具体安排"。邓颖超说:"这就是不把个人的打算放在组织之上来考虑和处理,是一个共产党员起码应有的党性;党对于党员在服从组织决定,不妨碍工作的原则下,也会对党员的问题加以照顾的。但是共产党员首先最重要的是要求自己,把自己和党的关系摆对来。"

其次,邓颖超指出,一个共产党员在选择伴侣的时候,最重要的前提,是政治条件和品质,以及围绕这一条尚有相爱的诸方面,至于外貌不是主要的,只要平常不异样、过得去就行啦。

第三点,对周秉德和恋人的关系,邓颖超同意侄女的看法和安排,说:"你们既有了相爱和了解的一段时间,可以把问题肯定下来,为了他的学习,也是为了你们基础打得更好,将来的关系更能巩固和美好幸福,那么再经过一个有限期的了解和考验,那有什么不好呢?何况限期并不长哩。"

1988年2月5日,邓颖超与周秉德及其丈夫沈人骅在西花厅的合影

最后,邓颖超向侄女建议:"你应要求你的组织通过他的组织去对他再做些了解,这不比现在你们仅仅直接了解更可以从组织上较全面的了解吗?了解得更好吗?"邓颖超同时也让周秉德把男方的名字写清楚,帮侄女做点了解工作,但最主要的还是侄女自己向组织提出请求。

半个月后,邓颖超约见周秉德。一见面,邓颖超就与侄女直奔主题:"秉德,你上次告诉我的那个小伙子,我已经向我们驻苏大使馆留学生处了解了,大致情况是这样:他是个共产党员,学习也很上进，很用功。不足之处是比较自顾自，在学习上不大愿意帮助其他的中国留学生；另外在与苏联女孩子接触时比较随便一点。情况就是这些，你自己考虑，谈下去还是不谈下去，你自己决定。"

邓颖超的话说得很平静、很客观，她并没有明确表示反对侄女继续交往，但秉德却能从七妈没有直接赞成继续交往这点上感觉出来：七妈认为这个小伙子并不是太理想。秉德当即明确表示："那就算了吧！"没有丝毫的犹豫。

可以看出，周恩来、邓颖超考虑伴侣时，都是把一个人的理想追求、作风品格放在第一位，从这一点去考察一个人，其他方面都是次要的。

牺牲团聚的机会

1960年的新年

他们为国家大事牺牲夫妻团聚的机会,始终以国家兴盛、人民幸福为重,从不计较个人的得失,他们的心中永远装着的是国家和人民。

1959年12月26日,周恩来去广东出差,顺路到从化看望正在那里疗养的邓颖超。已经临近元旦,随行的工作人员都以为周恩来会留在从化陪邓颖超共度新年,因此行前都已跟家里人说好,新年时期无法和家人团聚了。

但是,情况并不是大家估计的那样。由于国事繁忙,12月31日,周恩来匆匆赶回了北京,1960

1959年1月8日,周恩来和邓颖超在从化的合影

1959年,周恩来与邓颖超在广州的合影

年1月1日便开始接见外宾。之后,又与薄一波交流工业交通工作情况,出席全国文化工作会议和在上海举行的政治局扩大会议等,每日异常繁忙。

周恩来的秘书何谦也随周恩来回到北京,他的孩子们意外地看到爸爸回来,可以和他们一块儿过年,高兴得跳了起来。何谦的妻子林玉华高兴的同时,为周恩来和邓颖超无法在一起过年感到有些遗憾。经询问丈夫,林玉华得知周恩来之所以赶回来,是因为准备接待即将来华访问的缅甸总理奈温将军,她更为周恩来和邓颖超为了国家大事牺牲了夫妻团聚的机会而感动,便马上给邓颖超写了一封信,表达自己的心情。信寄出后没有多久,林玉华就收到了邓颖超的复信。邓颖超在信中写道:

在你来信中曾提到我的他,没能和我在一起同度新年,使你引以为怅。我了解你对我俩的热爱和好意,但可告慰你的,就是我们多年来已习惯于这样的生活方式了。当我们过着这样生活方式的时候,我总想到祖国的千百万英雄儿女坚守着自己的工作岗位,在社会主义建设的各个战线奋斗,没能和自己的亲人一起共度节日,又有多少革命烈士和家属们不是做出了伟大的牺牲吗?在过去长期艰苦斗争的岁月里，在革命队伍里的人们和苦难的劳动人民，都不知有年节，而劳动人民当年只是有苦难而不知有何乐？自从全国胜利后，全国人民当家做主人，人民的事业，年复一年地兴旺昌盛，而新年春节亦年复一年地过得更好更愉快，这是多大的快乐呀！在经历了不知多少险恶风浪而侥幸留得生命，能够活到今天的我们，面对着胜利的美好情景，这又是多么大的快乐和幸福。再说如果他留此虽能和我在一起过年，但是伴随着他的很多同志不也因而要和亲人分开吗？当我看到你来信提到滨滨、俐俐见到爸爸回去的快乐心情时，我感到极大的欣慰。总之，一个革命者，共产党员应该是政治第一、工作第一、集体第一、个人的事都是微不足计的……

　　读完这封信，林玉华感慨万千。她只想到了邓颖超孤身在外地不能和亲人过年会感到寂寞，然而，邓颖超心中想到的却是在祖国各条战线上坚守岗位不能和家人团聚的英雄儿女与失去亲人的烈属。周恩来、邓颖超始终以国家兴盛、人民幸福为重，从不计较个人得失，他们的心中永远装着的是国家和人民。

减轻国家负担

用自己的工资资助亲属

> 在接济他家亲属这个问题上,她从不让他操心,总是慷慨解囊。在亲属遇到困难的时候,他们总是给予必要的帮助,不让他们向国家伸手。他们认为,这是为国家减轻负担。

周家是个大家庭,为了不让周恩来分心,邓颖超主动承担起照顾周家亲属的责任。

中华人民共和国成立以后,周恩来和邓颖超就开始用工资的结余部分资助周家亲属的生活并接济他们来北京读书、治病。直到周恩来去世后多年,邓颖超还一直牵挂着他们。在接济周家亲属这个问题上,邓颖超从不让周恩来操心,总是慷慨解囊。

1950年夏,周恩来、邓颖超与亲属的合影

1953年,邓颖超、周尔辉同八一小学读书时的周秉均、周秉宜在西花厅的合影

278　情长纸短　吻你万千

她说，这是为国家减轻负担，要是不安排好这些人的生活，也会给周恩来带来不好的影响。

周恩来常告诫亲属："我是国家的总理，不是周家的总理。"他要求亲属不能搞特殊、不许沾光分毫。周恩来的三弟周同宇，1959年由组织调至内务部任专员。周恩来得悉弟弟工作变动后，再三向内务部领导交代："周同宇的工作，要安排得职务尽量低，工资级别尽量低。"周恩来说，因为他是国务院总理，对自己的弟弟就应严格对待。1963年，周同宇因病不能正常工作，周恩来让他提前退休。但他有六个子女，生活负担重。周恩来每月拿出自己近一半的工资贴补弟弟家，直到孩子们陆续参加工作为止。周恩来同样认为，这样做是为了减轻国家的负担。

在亲属遇到困难的时候，周恩来和邓颖超总是给予必要的帮助，不让他们向国家伸手。1961年，周恩来的堂侄周保章的衣服和被褥等被盗窃一空。在那个难捱的日子里，周保章惶恐不安，向周恩来、邓颖超写信求助，邓颖超很快寄来衣物，给他救了急。

周尔辉是周恩来的堂侄，其父亲周恩硕是烈士，母亲陶华远在江苏淮安。1961年7月2日，时任北京钢铁学院教师的周尔辉与淮安姑娘孙桂云结婚，周恩来在西花厅为周尔辉举办了家庭婚宴。20世纪50年代末60年代初，中国国民经济出现严重困难，国家实行压缩城市人口的政策。在周恩来的劝说下，根据国家政策的要求，周尔辉随孙桂云返回淮安当了一名中学教师。邓颖超多次给周尔辉一家汇款，缓解他的家庭困难。

周国盛是周恩来六伯父周嵩尧的曾孙女。1956年，周国盛从南京到北京投靠周恩来，希望在北京找份工作。在周恩来的动员下，周国盛去石家庄国棉一厂做细纱女工，成为周家第一个工人。同周尔辉一样，邓颖超多次资助周国盛一家，帮助她渡过生活难关。

周恩来和邓颖超境界高远，他们把毕生精力投入到无限的为人民服务之中，对物质的需求极低，吃饱穿暖足矣。他们节省下来的钱，除了有一定数目交党费外，余下的就接济亲属和身边工作人员，为国家纾困解忧。

无微不至暖人心

西花厅的"周恩来小道"

他伸手示意通向后院的小道，指指皮鞋：“不要惊动小超，她近来身体不好。”夜深沉，爱深沉，在她的睡梦之中，小道静静延伸，通向它的这扇小门，始自他的一片深情。

深夜的西花厅，四周一片寂静，只有微风轻轻拂过树叶，发出沙沙的声音。一辆汽车无声无息地滑行进了前院，忙了一整晚的周恩来终于回来了。他轻手轻脚地下了车，当工作人员抱着文件准备从正门走向后院时，周恩来竖起一根手指，轻嘘一声说："走这边。"

他带着工作人员来到西厢房与山墙之间的一条

小道的入口，轻声说道："我们从这里绕回去。"这条小道毫不起眼，而且极其狭窄。周恩来一改往日走路如风的习惯，轻手轻脚地从这条小道穿行而过。到了办公室，周恩来在椅子上坐下来，松弛一下肩膀，然后才说："小超最近身体不好，你们要注意一些。"

工作人员很快便明白了，他是怕惊扰邓颖超。

通往后院的大门正对着邓颖超的卧室，由于门又大又重，开关时总会发出"吱扭、吱扭"的声音。邓颖超身体不好，时常失眠，一有声音就容易被惊醒。周恩来对邓颖超的病十分关心，然而他日理万机，每天工作十七八个小时，与邓颖超一天难得见一面，除了见面时关照她按时吃饭服药，剩下的就是尽量不打搅邓颖超。

每天深夜或凌晨，当周恩来外出办公带着一身的疲惫回到西花厅时，邓颖超正在熟睡。为了不影响邓颖超休息，周恩来特意避开正门，改从小道绕行返回自己的办公室，把脚步放得轻轻的。久而久之，同志们都将这条小道称为"周恩来小道"。

即使有客人来访，周恩来也十分注意不打扰邓颖超。一天晚上，副总理李富春要来，周恩来早早就迎在前院，因为他知道李富春喜欢穿皮鞋。等李

海棠花盛开的西花厅

周恩来在西花厅做健身操

富春一到，他便伸手示意那条通向后院的小道，说："走这边。"李富春刚一迈步，他那双擦得锃亮的皮鞋就发出一声"咯噔"。周恩来忙耸耸眉毛，指指那双威风十足的皮鞋："不要惊动小超，她近来身体不好。"李富春张开嘴"噢"了一声，点头表示明白，连忙学着周恩来的样子放轻脚步。

夜深沉，爱深沉，在邓颖超的睡梦之中，这条小道静静延伸，通向它的这扇小门，始自周恩来心中的一片深情。

> "小超！小超！"
>
> 深情而急切的呼唤
>
> 她的一次病情，却让他失去了冷静，扔下筷子快步奔向卧室，三步并作两步冲到她的床边。见她"昏迷不醒"，一向沉稳的他慌了，俯身挽住她的胳膊，连声疾呼。

周恩来一生历尽沧桑，搏击风浪，出生入死，经历了无数艰难险阻，遇到过无数意外事件，但他始终保持着沉着冷静、处变不惊的态度，能够灵活机动、迅速妥善地应对各种问题。然而，邓颖超的一次病情，却让周恩来失去了冷静。

一天，邓颖超患了感冒，头疼发烧，身体不适。为了让邓颖超早点休息，晚上9点左右，保健护士

许奉生便照料她服用了安眠药,并让她先坐在沙发上休息一下,等自己倒完洗漱水回来后再扶她上床。然而在等待的时候,邓颖超觉得十分困倦,看到沙发和床之间的距离并不远,想着自己应该能过去,不需要人照顾,便起身向床边走去。哪知药力很快发作,她从沙发走到床边时眼前一黑,差一点跌倒。幸亏许奉生回来得及时,忙把邓颖超抱住,搀扶她坐到床边,同时赶紧按电铃叫服务员高云秀来帮忙。

这时邓颖超已进入昏睡状态,身体瘫软。许奉生急忙握住邓颖超的手腕开始数脉搏,见脉搏正常,稍稍定了定神。高云秀说:"我从来没有见过大姐这个样子!"许奉生也马上说道:"卞志强和张佐良两位大夫都在西厢房,请他们来看看吧。"

高云秀急匆匆地奔向西厢房,情急之中也没有顾及正在吃"午饭"的周恩来,从他的饭桌前跑过。看到高云秀匆忙的样子,周恩来心中一惊,不知道邓颖超出了什么事,立即扔下筷子快步奔向大姐的卧室,三步并作两步冲到妻子的床边。见邓颖超"昏迷不醒",一向沉稳的周恩来慌了,俯身搀住邓颖超的胳膊,连声疾呼:"小超!小超!小超啊!"呼声焦急。

这时,赶来的两位大夫连忙上前为邓颖超检查,

挚爱情深

1970年5月20日,周恩来、邓颖超与工作人员在西花厅的合影

发现她只是由于药力发作而陷入昏睡,便将检查结果告诉了周恩来。周恩来这才放下心来,一再叮嘱工作人员夜间要好好看护邓颖超,然后才离去,继续投入繁忙的工作之中。

细微之处见温情

体贴病中的妻子

> 她手术住院,他工作繁忙,仍然每天抽空去医院,问候老伴儿,并精心安排一切。她出院了,他看到高台阶不便还上还下,生怕她的伤口受不了。

1961年,邓颖超在一次例行妇科检查中,突然发现了卵巢囊肿。虽是一种良性肿瘤,但为了安全起见,医生还是建议做手术。6月10日,周恩来亲自送邓颖超住院治疗。

邓颖超住院期间,周恩来尽管工作非常繁忙,仍然每天都要抽空去医院看看。哪怕是利用去机场接外宾前或者开完会后的短暂时间,他都尽量到邓

1961年,周恩来和邓颖超在西花厅的合影

颖超的病房里坐上一小会儿,问候一下自己的老伴,并从医务人员那里了解病情。有时,实在抽不出空了,他也一定会委托工作人员打电话问候一下邓颖超当天的情况。

邓颖超手术前,周恩来认真地向医生询问了手术方案,一直到确认方案稳妥后才放心地签了字。6月21日,邓颖超进行了手术。手术非常成功,休养一段时间就可以出院了。

邓颖超出院前的一天,周恩来在院子中踱步,盯着西花厅值班室门前的高台阶若有所思。

值班室的工作人员见他在门口,连忙出去问道:"总理,有什么事吗?"

"大姐快出院了。"周恩来答道。

"真的?那太好了!"听说邓颖超快出院了,大家都高兴极了。屋子中的几个年轻同志都跑了出来,围着周恩来,向他表示祝贺。

"虽然可以出院了,但大姐的身体还很弱,这么高的台阶迈上迈下,她的伤口恐怕受不了。"周恩来继续看着眼前的高台阶,想想又接着说:"哎,能不能请你们帮助一下大姐?实在不行就把她抬过去。"

"没问题,总理,这事您就放心吧。"几个年轻人异口同声向周恩来保证。

"那就谢谢大家了。"周恩来高兴地说,好像了却了一块心病。

几位同志回到值班室就开始讨论最佳方案——既要让邓颖超能顺利进入后院,又不会碰疼她的伤口。后来,工作人员准备了一把藤椅。邓颖超出院那天,车子把她一直送到值班室门口。刚一下汽车,邓颖超就被工作人员搀扶着坐到了藤椅上,两个小伙子抬着她过了门口的高台阶,一直抬回到她的卧室。周恩来在旁边连声向大家表示感谢。当邓颖超得知这是周恩来精心为她安排的,一股暖流涌上心头。

邓颖超病愈出院后,周恩来还自费邀请参加手术的中西医专家、医护人员、保健人员、化验人员以及医务部门的负责人聚餐,对他们的工作表示尊重和感谢。

7月28日,周恩来又细致周到地安排邓颖超到庐山疗养,使邓颖超术后得到更好的恢复。

严于律己

几张小小的收据

> 他们经常嘱咐随行工作人员按照规定交足粮票和钱,并结清相关费用,不能搞特殊化,占群众的便宜。他们早已将个人的、家庭的幸福融入为共产主义而奋斗的大事业中。

周恩来和邓颖超一生严于律己,不搞特殊,生活上和普通干部一样。在周恩来邓颖超纪念馆展厅内展出的几张收据,就是他们严于律己的见证。这几张收据包括房租水电费统计表、用餐收据等。

一张1955年11月西花厅应缴房租水电费表清晰地显示,周恩来、邓颖超同其他工作人员一样,依照使用量的多少按时缴纳房租水电费。从统计表中还可以看出，各项数据中最高的不是房租，而是电费。周恩来经常工作到凌晨，一天工作时间超过12小时，有时在16小时以上。他经常通宵达旦，甚至昼夜不眠，沉浸在工作中，被外国人称为"全天候总理"。这张统计表从一个侧面反映了周恩来为了党和国家的发展，为了人民的利益而日夜操劳。

  周恩来和邓颖超，时常要去各地视察。每次在外用餐时，一律坚持按价付费。邓颖超经常嘱咐工作人员，按照要求交足粮票和钱，并结清相关费用，叮嘱他们这些事不要再让周恩来操心。1966年7月28日，周恩来在北京第二外国语学院参加座谈会。会后他步入食堂，自己到售饭窗口买了菜和馒头，与同学们同桌就餐。周恩来的卫士按照惯例找食堂工作人员交费用并开出收据。用餐时，食堂师傅又送来一碗用酱油、葱花、香菜冲制的清汤，周恩来让卫士将汤钱交给炊事员并修改收据。炊事员一开始不肯收钱，但看到周恩来态度坚决，只好收下汤钱，并将收据上原来的2角5分改成3角。

  西花厅的院内有一水榭，周围的空地一直闲置着。邓颖超提议，将土地利用起来种菜，收获后给同志们用作生活补给。于是，警卫战士在周围的空地上种了黄瓜、豆角、茄子等蔬菜，并在院内打了

情长纸短　吻你万千

1960年周恩来与邓颖超在贵阳的合影

邓颖超在石景山庄交款的收据

西花厅房租煤水电表

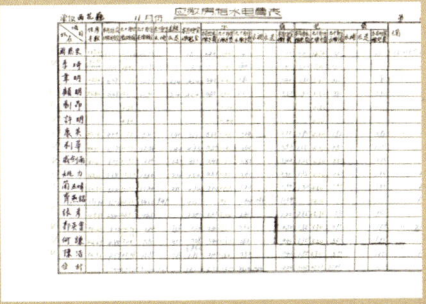

口井，用于浇地。这个办法不仅提高了警卫战士的生活，也改善了周恩来的生活，让他吃到新鲜蔬菜，又不违反规定。对收获的蔬菜，周恩来每次都嘱咐厨房要记账付钱。战士们说："菜是我们利用空余时间在空闲地上自己种的，能让您和邓大姐吃上我们高兴，怎么能收您的钱呢？"周恩来听后严肃地说："毛主席为我们制定了三大纪律八项注意，我们是人民的勤务员，吃菜付钱理所当然嘛。"邓颖超与周恩来思想相通，她特地嘱咐工作人员买菜一定要交钱。他们认为西花厅土地长出的"收成"属于国家，因此坚持按照当时的市场价购买。

像这样的收据还有很多，例如他们自费购买茶叶、水果的收据，为中国儿童和少年基金会捐款的收据等，这些收据都是周恩来和邓颖超严于律己的缩影。作为模范夫妻，他们早已将个人的、家庭的幸福融入了为共产主义而奋斗的大事业中，始终以身作则，发挥表率作用。

公仆风范

一张珍贵的党费收据

> 餐具、洗漱用品等都是自费购置,甚至做卫生用的肥皂、揩布也是用他们的工资买的。他们一生节俭,将其余的钱都积攒下来,等攒到一定数目时,就当作『特殊』党费。

在周恩来邓颖超纪念馆西花厅展厅内,展出了一张珍贵的党费收据,这是周恩来逝世后,邓颖超从积蓄中取出来的。

很多人认为,周恩来身为一国总理,他和邓颖超的收入很高,应该有很多存款。其实并非如此。周恩来每月的工资是404.80元,邓颖超是342.70元,他们的收入合起来是747.50元,在领导人的收入中,

1963年,周恩来和邓颖超在苏州的留影

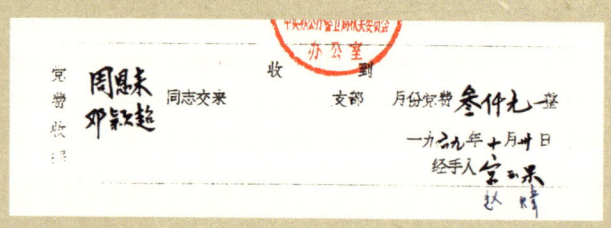

周恩来和邓颖超交党费的收据

298　情长纸短　吻你万千

算是不少的,但是他们并没有留下任何财产。

中华人民共和国成立初期,由供给制改为工资制时,有关部门提出了工资等级表,把总理和国家副主席放在一个登记栏内。送周恩来传阅时,他把"总理"二字勾下来和副总理放在一个等级栏内。在后来的传阅过程中,其他同志把"总理"勾上去,他又给勾了下来。周恩来和邓颖超的工资放在一起,由警卫人员代为管理。和普通老百姓一样,他们吃的、穿的、用的,每一样东西都从工资里支出。邓颖超经常叮嘱工作人员,她和周恩来的伙食要尽量简单。

周恩来在生活中艰苦朴素,一套睡衣睡裤多年来缝缝补补,始终没有换过新的,即使出国访问都坚持携带。周恩来和邓颖超的日常生活用品,例如餐具、洗漱用品等都是自费购置,甚至连工作人员为他们做卫生用的肥皂、揩布也是用他们的工资买的。

周恩来将看戏、到公园散步、理发、看病等事项所需用车都算作私人用车,坚持自费。他时常提醒司机记账。每当发工资后,周恩来必定检查是否扣除了用车费用。

他们的工资除日常开支外,大部分接济给自己的亲属和身边工作人员。每当有人家中孩子出生或儿女结婚的时候,邓颖超都要买些东西送去。有人家中遇到困难时，邓颖超总是拿出她和周恩来的工资去帮衬。他们心中始终装着广大的群众，总把温暖和关怀留给周围的同志。周恩来对他们经常说的一句话就是："我接济你们这些钱，就是为了减轻国家的负担。"据工作人员统计，从有记载的1958年起，一直到周恩来逝世的1976年，周恩来和邓颖超两人用于补助亲属、工作人员的费用已经占到两人总收入的近三分之一。

在周恩来逝世后，邓颖超依然坚持过艰苦朴素的生活，继续帮助身边有困难的人。有一天，邓颖超看到中央警卫团的战士在烈日下站哨，她心疼战士们，从自己的工资中拿出一部分钱给战士买汽水喝。从这件不起眼的小事就能看出邓颖超对身边工作人员的关心和关爱。

周恩来和邓颖超一生节俭，除正常开支外，其余的钱都积攒下来，等攒到一定数目的时候，就当作"特殊"党费。周恩来和邓颖超曾三次交"特殊"党费，共计14000元。周恩来逝世以后，邓颖超从积蓄中取出3000元交党费。而在邓颖超逝世后，工作人员遵照她的嘱托，将她所有的积蓄11146.295元，其中包括国库券550元，全部交了党费。从今天的角度看，特殊党费这笔钱并不多，但饱含了周恩来、邓颖超对党的深厚感情。

互不干扰

基层调研之行

他们一起去调研,分头行动,他听取调查情况的汇报,她了解基层妇联和妇女工作情况。尽管调研工作繁忙,她对他依然体贴入微,并临时充当了他的"保健医生"。

1961年4月,为落实调整国民经济的八字方针,深入了解人民群众的疾苦,大兴调查研究之风,周恩来和邓颖超到河北邯郸调研。为了不使这次调查研究走过场,周恩来事先派了总理办公室副主任许明和外事秘书马列等人先行前往,调查群众反映强烈的食堂问题,而邓颖超也委托全国妇联的吕学敏、汪淑远随许明等人一起去了解情况。

1961年,邓颖超到河北邯郸地区武安县伯延公社调研,这是她与妇女干部在一起的留影

4月29日,周恩来、邓颖超乘火车抵达邯郸,住在邯郸市委招待所。由于我国还处在国民经济困难时期,刚一到达招待所,邓颖超就马上交代负责同志,他们吃的饭不许有鱼、肉、鸡蛋、豆制品等,要求和群众吃的一样,不搞特殊化。

一切安顿好后,周恩来和邓颖超就开始分头行动。周恩来在招待所与邯郸地委书记庞均等谈话,听取调查情况的汇报,此后又连日听取工作组许明

1961年5月，周恩来在河北邯郸地区调查研究时与农民聊家常

和河北省省长刘子厚的汇报。邓颖超则约邯郸地区妇联和市妇联的同志见面，了解基层妇联和妇女工作情况。

5月1日晚上，周恩来和邓颖超一起在邯郸参加了庆祝"五一"的晚会。由于国事繁忙，晚会后他们连夜赶回北京。5月3日凌晨，他们又赶回邯郸，继续听取庞均和许明、马列等人的汇报，随后立刻前往武安县伯延公社进行调查研究。

此时正值阳春三月，本应是生机勃勃、绿意盎然的时节，然而呈现在周恩来、邓颖超眼前的伯延村却是一片萧条的景色，连路边的树都只剩下光秃秃的枝条。连年的自然灾害让人们无法满足基本的温饱需求，连树皮都被剥下来吃了。看到农民的生活如此艰苦，周恩来和邓颖超的心沉甸甸的。

在伯延进行调研的这段时间，周恩来不辞辛劳地召集伯延公社的大队和小队干部座谈，了解人民公社的基本情况和社员对党的农村政策的反映，还抽出时间走访了几十户农家，仔细了解群众的生产和生活情况；视察生产队的集体食堂，查看社员的伙食，并与群众同吃玉米面糊；还参观了公社的百货商店和农机站，了解商品的价格和农业机械化情况。他甚至坐在门槛上与老百姓拉家常。邓颖超也

是抓紧一切时间,深入到社队食堂和老百姓家中,以及各级妇联中了解群众的生活和生产情况。

尽管调研工作繁忙,邓颖超对周恩来依然体贴入微,并临时充当了周恩来的"保健医生"。周恩来与伯延干部和社员的第二次座谈会持续时间很长。此前周恩来曾由于憋尿时间太长而患过一次尿中毒,因此,座谈会一结束,邓颖超就立刻悄声提醒周恩来尽快上厕所。每天晚上,周恩来还会办公到深夜,有时甚至到凌晨三四点,秘书反复提醒周恩来尽早休息,都不管用,只有邓颖超催他休息,周恩来才会"听命"。

调研结束后,周恩来将自己和邓颖超的调研成果汇总后,向正在上海的毛泽东汇报了群众反映较大的公共食堂和供给制问题。半个月后,中共中央在北京召开工作会议,讨论和修改了《农村人民公社工作条例(草案)》。修改后的条例取消了供给制,对食堂则规定办或不办"完全由社员讨论决定",等等。

周恩来和邓颖超夫妻二人就是这样,在工作上相互支持、互不干扰,在生活上则相互关心、配合默契。

特殊的菜单

视察东北

考虑到他有夜间办公的习惯，为了不给地方工作的同志增加负担，临行前，她特意叮嘱工作人员带上饼干和藕粉，作为他的工作夜餐。

20世纪60年代初期，国民经济遇到严重困难，全国都处在缺粮、少肉、无油可吃的境地，各地都有许多因缺粮而患浮肿病的群众，连北京也不例外。周恩来、邓颖超看在眼里，疼在心上。他们平时的生活本就十分俭朴，在这困难时期，更是严格要求自己，和全国人民一道节衣缩食、共渡难关。

周恩来和邓颖超约定，二人每个月的口粮只有

1962年,周恩来、邓颖超与长春电影制片厂演职员的合影

28斤。每周的食谱,都要由邓颖超亲自把关修订,绝对不准超过标准,并规定不吃名贵食品,少吃肉、蛋和油炸食品,多吃粗杂粮和豆制品。食谱上常见的就是萝卜、白菜、豆腐,主食经常是玉米面窝头、小米稀饭。不要说山珍海味,就连猪肉和鸡蛋都很少见到。每逢周恩来外出视察,邓颖超总要对随行人员传达他的指示,即轻车简从、按标准吃饭、要交全国粮票和伙食费、不要买东西等。

1962年5月,为了贯彻对国民经济实行"调整、巩固、充实、提高"的方针,周恩来和邓颖超赴东北调研。考虑到周恩来有夜间办公的习惯,为了不给地方工作的同志增加负担,临行前,邓颖超特意叮嘱工作人员带上饼干和藕粉,作为周恩来的工作夜餐。

5月29日,周恩来和邓颖超到达沈阳。刚到驻地,周恩来就叫来管理生活的工作人员,语重心长地对他说:"现在,全国人民都在勒紧裤带,毛主席在党中央带头,我在国务院带头,鱼、蛋、肉之类的东西不吃,肉制品也不行,群众有困难,做领导工作的更不能特殊。"沈阳管理生活的同志不敢违背周恩来的交代,每顿饭只有两盘素菜加一个汤。

6月16日,周恩来、邓颖超到长春视察,工作人员又将周恩来的要求对地方管理员讲明了。可是当地的管理员硬是不听,偷偷地买了点香肠,切成碎末放在咸菜里。周恩来发现后,马上叫来主管的同志,说道:"现在,全国人民都在勒紧裤带,憋着一口气战胜困难,你给我弄好吃的,我怎么能咽得下去呢?!"邓颖超非常明白老伴的心意,也马上起身亲自来到厨房,召集了管理员和厨师,将"山珍海味不准吃,肉、蛋和油炸的东西少吃"等种种规定亲笔写下交给他们,强调一切都要按标准做,今后不要再擅自购买了。做饭的老厨师拿着邓颖超写的菜单无限感慨地说:"我当了这么多年的厨师,做了这么多年的菜,没少为大官掌勺。只见过点名要山珍海味的,还没有见过像总理这样这不准吃、

那不准吃的。"

之后,周恩来、邓颖超又来到哈尔滨视察,入住北方大厦。北方大厦的服务员同样给周恩来准备了比较好的饭菜。周恩来得知后,批评了大厦的领导,他说:"国家处在困难时期,伙食不能超过规定标准,不吃肉,不吃过油食品,要吃粗粮。"

自此以后,邓颖超三天两头到厨房检查,看买的东西是否符合规定、做菜是否加了肉类。管生活的同志含泪恳求邓大姐,说:"您做做总理的工作,加一点好菜吧!总理担着国家的重担,总吃这些会影响健康,我们于心不忍啊!"邓颖超却说:"同志们的心情我能理解,不过,还是按恩来同志说的办吧,做了,他不能吃,你们还得挨批评。"

其实,邓颖超并不是不关心周恩来的身体健康,而是她明白,周恩来更在意全国人民的衣食温饱,在意自己的一言一行是否会带个好头。他们将爱融化在了人民之间,永远将百姓疾苦挂在心头。

> ## 「相爱始终」
>
> 对周保章的结婚祝福
>
> "要坚持互助、互勉、团结和睦,对工作和学习,力求进步,做到相爱始终,既有利于个人生活,也有利于集体事业……"他们送了一对钢笔作为结婚礼物,鼓励新人努力学习,不断进步。

"大家吃糖,吃花生、瓜子啊!感谢同事们参加我们的婚礼!"

1962年国庆节这一天,一对年轻人在美丽的海滨城市——青岛举办了一场热闹而俭朴的婚礼。这对青年就是周恩来的堂侄周保章和堂侄媳刘淑梅。

刘淑梅不是周保章的初恋。在周保章结婚之前,他还处过一个女朋友。1955年,周保章在体检时,

1962年,周恩来和邓颖超在西花厅

1961年春节,邓颖超在西花厅与侄儿合影,右一为周保章

被查出患有肺结核病，俗称"痨病"。这在当时是致死率非常高的病，有"十痨九死"之说。周保章怕连累女友，主动与初恋提出分手。在写给七妈邓颖超的信中，周保章说出了此事。邓颖超在回信中劝慰道："青年人在恋爱问题上遇到波折亦是难免的，把它当作经验教训，就可变消极因素为积极因素了。你说对吗？"这使周保章心情释然。

1961年，已经28岁的周保章将新交的女朋友刘淑梅的情况写信告诉伯伯和七妈。周恩来和邓颖超在恋爱婚姻问题上一向是民主的，尊重堂侄的意见。但作为长辈，他们也循循善诱地把握着大的方向。邓颖超在信中写道："她的各方面的条件也还合适，你的看法也对，看发展来确定。"

经过一年多时间的交往，周保章与刘淑梅彼此认可，有结婚的打算。周保章就向伯伯、七妈写信禀报并征求意见。邓颖超在回信中说："你们的婚姻大事，按《婚姻法》和我们的家规，都主要由你们双方自愿、自主、自决，相互负责处理。结婚的日期，也由你们自己择定，我和七伯只能向你们祝福祝贺，提不出更多的意见。"

1962年10月1日，是周保章和刘淑梅结婚大喜的日子。那时候年轻人对待婚姻大事严肃认真、

相互负责，但举行仪式却简单朴素。新郎、新娘既没有坐车，也没有坐轿。当天下午，刘淑梅用儿童车推着铺盖来到新房。所谓的"新房"只是一间13平方米的小房子，两个铺盖一合，一张桌子两把椅子，摆上糖果和瓜子，既没有设宴，也没有喝酒，同事们热闹一番，两位新人的婚姻大事就算办完了。

婚后，周保章把结婚的情况向伯伯、七妈作了汇报。邓颖超在回信中说："看到你们的合照，双双健好，我很高兴。你们本着节约的精神、严肃的态度，在组织和同志们的关怀下，满意地举行了你们的婚礼。这次来信，又谈到你们婚后的生活近况，你和淑梅都愉快地在工作和学习，感到幸福，我和七伯也感到欣慰。你们今后要坚持互助、互勉、团结和睦，对工作和学习，力求进步，做到相爱始终，既有利于个人生活，也有利于集体事（业），这是我对你们的衷心祝愿。"

周恩来、邓颖超送给周保章、刘淑梅一对钢笔作为结婚礼物，鼓励他们努力学习，不断进步。

周恩来、邓颖超的教育，对两位新人的影响是终身的。周保章和刘淑梅相濡以沫，走过风雨，曾经荣获青岛市"十佳文明家庭"，成为远近闻名的模范夫妻。

"这顿饭是小超请的"

西花厅的『宴请』

她任劳任怨、默默地做着他的"后勤部长",照顾着他的起居,关照着他的健康,支持着他的工作,温暖着西花厅这个家。

西花厅各个房间陆续亮起了灯光,周恩来爽朗的声音在屋里响起:"哎呀,都过了晚饭时间啦!大家都别客气,留下来吃顿便饭吧。今天我请客。"和往常许多次一样,周恩来挽留来西花厅拜访的客人吃饭。不一样的是,这次邓颖超在旁边搭腔:"怎么老说是你请客呀,你一个月有多少钱啊?你们是在吃我的,别以为是吃你的,不信咱们分开算算。"

周恩来作为总理,对国家大政方针、百姓民生事无巨细,但对自己工资还剩下多少却很少上心。他们这个两口之家,似乎开支不大,但仔细一算,并非如此。邓颖超对周恩来的亲戚、朋友,照顾得很周到,用钱很大方,他们俩的工资很大一部分都用在这方面了。西花厅的客人很多,周恩来经常待客用餐,除了公务活动,从来都是他自己掏钱。

从1955年国家实行工资制,到1976年1月周恩来逝世,他和邓颖超每月拿到的工资都是固定的。收入不变,开销又大,他们的工资虽然一直由秘书和卫士们管理,但邓颖超总是要定期查伙食账,避免超出标准。他俩的一日三餐,都是普通的家常便饭。

1963年4月的一天,周恩来把严凤英、袁雪芬、张瑞芳等人邀请到西花厅做客,想和大家座谈一下,听听大家的心声。谈得兴起,宾主尽欢,周恩来按惯例留客。这些客人中严凤英年龄最小,她自告奋勇去帮助邓颖超准备午饭。邓颖超边安排午饭,边和严凤英谈心:"今天很对不起大家,菜准备得不多。"又悄悄对严凤英说:"恩来这个月的工资用完了。"她还特意嘱咐:"可不要对别人讲啊,讲出去影响不好!"

1957年4月6日，周恩来、邓颖超在中南海紫光阁宴请参加全国影联大会的女演员后合影

1952年8月，周恩来和邓颖超在西花厅为六伯父周嵩尧庆祝80寿辰

　　工作人员把他俩的工资分开支配、各自记账后，周恩来的工资扣掉交党费及房租、水电费、资助亲属和其他开销后，一个月确实剩不下多少钱，有一个月月底甚至只有两角六分！之后，他虽然请客如常，但在留大家吃饭时，总忘不了提前声明："这顿饭是小超请的。"

　　邓颖超就是如此，任劳任怨、默默地做着周恩来的"后勤部长"，照顾着他的起居，关照着他的健康，支持着他的工作，温暖着西花厅这个家。

出访前收到的祝福

诗笺寄深情

她亲自到机场送行,并特意赠诗一首,表达她对他出访成功的美好祝福。凯旋之时,她特地赶去迎接他,为他此行取得的成功感到由衷的高兴。

为了广泛争取和团结亚非欧国家,也为拟召开的第二次亚非会议(后因故没有召开)作准备,1963年12月至1964年3月,周恩来率领中国政府代表团,访问了非、欧、亚的阿拉伯联合共和国(当时包括埃及和叙利亚)、阿尔及利亚、摩洛哥、阿尔巴尼亚、突尼斯、加纳、马里、几内亚、苏丹、埃塞俄比亚、索马里、缅甸、巴基斯坦、锡兰等14

个国家。此次出访期间,周恩来提出的中国对外经济技术援助的八项原则,成为在国际关系中首创的新概念,其中展现出的平等互利精神赢得了第三世界国家的广泛赞同。

行前,邓颖超亲自到机场送行,并特意赠诗一首,表达她对非洲独立国家的良好祝愿和对周恩来出访成功的美好祝福。

我怀着无限的心意欢送你和同志去访问非洲。
我望着机窗,我从机窗,看到你的笑容面貌。
北京早晨的太阳的光芒正照耀着你,
党和毛主席思想胜利的光辉正照耀着你,
中国人民革命的胜利的光辉照耀着你,
使我清晰的看到:
你的面色红润,
你的精神充沛,
你的心情愉快,
你的信心坚强。
你将带着六亿五千万中国人民的情意,
飞过高山,
越过海洋,
飞向那日益觉醒着的非洲大陆。

共同的理想和信念、共同的生活和经历，使周恩来和邓颖超总有说不尽的话题

1964年1月，周恩来访问加纳时和陈毅前往总统官邸拜会恩克鲁玛总统（左四）

访问革命胜利的新国家，
访问独立的新国家，
为他们胜利欢呼，
为他们独立庆祝，
为他们的前途祝福，
为中国同各国的友谊发展作出新的标志。

周恩来访问非洲期间，邓颖超时刻关注着他的消息。此行是周恩来历时最长的出国访问，共计72天。由于一些非洲国家局势动荡，邓颖超心中始终忐忑不安。非洲之行的重要一站是加纳，然而就在周恩来访问前夕，加纳发生了刺杀总统恩克鲁玛未遂的政变。虽然刺客已经被捕，但危险依然存在，加纳局势十分紧张。在这种情况下，周恩来不顾局势危险，毅然决定按照原定计划出访。周恩来此举，不仅让惊恐未定的恩克鲁玛总统备受感动，也赢得了非洲人民对新中国的良好印象，为中国在20世纪70年代恢复联合国合法席位奠定了坚实的基础。

1964年3月，周恩来凯旋之时，邓颖超特地赶到昆明迎接他。看到老伴平安归来，她的一颗心才安定下来，并为他此行取得的重大成功感到由衷的高兴。

> "无限深情在险中"
>
> 1964年端午节诗作
>
> 他们一路走来聚少离多，生离死别成了家常便饭。为了中华民族的独立和中国人民的幸福，他们九死一生，无所畏惧。

1964年6月14日，是中国的传统节日端午节。这天，邓颖超让厨师桂焕云准备了一些粽子和绍兴花雕酒，与周恩来一起吃了顿难得的午餐。吃完饭，周恩来又匆匆忙工作去了。邓颖超望着他的背影，思绪万千。

或许是因为想到那些难忘的经历，心潮难平，邓颖超走到书桌旁，挥笔写下了一首诗：

夫妻庆幸能到老,
无限深情在险中。
相伴相伴机缘少,
革命情义万年长。

恩来留念

颖超书赠

一九六四年六月十四端阳

或许,她想起了五四运动时期在天津与周恩来初识,在参加爱国运动时她被殴吐血,周恩来被捕入狱;想起了20世纪20年代两人在渤海之滨和名城巴黎之间鸿雁传书,确立恋爱关系;想起了1925年他们在广州结婚时在文德楼宴请友人的热闹场景。

或许,她想起了广州血雨腥风时周恩来远在上海,自己难产三天三夜,孩子最后夭折,由于没有得到及时休养,永远失去了做母亲的机会;想起了大革命失败后自己拖着虚弱的身体去上海找周恩来,每天与他出生入死,患难与共;想起了周恩来动身去九江,临行前没有告诉她究竟去干什么,直到从国民党报纸上得知他领导发动了南昌起义。

或许,她想起了1928年与周恩来共赴莫斯科参加中共六大,在大连遭到日本警察的盘问、周恩

1963年,周恩来、邓颖超在北京的合影

夫妻庆幸能到老
会晤深情在险中
相似相伴机缘少
革命情义万年长
恩来留念
颖超书赠
一九六四年六
月十四端阳

1964年端阳节,邓颖超写给周恩来的诗

来被扣留的惊心动魄的一幕；想起了长征时，与周恩来爬雪山、过草地，与死神擦肩而过，最后竟奇迹般生还；想起了全民族抗日战争爆发后，与周恩来深入龙潭虎穴，为建立和巩固抗日民族统一战线东奔西走。

或许，她想起了铁马冰河的解放战争时期，与周恩来长时间分别，彼此挂念；想起了万隆会议前夕，国民党特务制造了"克什米尔公主号"飞机爆炸事件，自己日夜惦记周恩来的安全……

周恩来与邓颖超一路走来聚少离多，生离死别成了家常便饭。他们多次说过，作为幸存者，对生死早已置之度外。为了中华民族的独立和中国人民的幸福，他们九死一生，无所畏惧。

"无限深情在险中"是邓颖超对40年夫妻生活的高度概括，也从一个侧面反映了周恩来、邓颖超与众不同的爱情生活特点。

"咱们是一家人"

关爱北京"五孤儿"

他们虽没有自己的孩子,但他们把全部的爱都献给了全中国的孩子,将所有的孩子都视作祖国的未来、民族的希望,关怀备至,无怨无悔,直至生命的最后。

1964年8月的一天,17岁的周同山收到了一张烫金的请柬,请柬以国务院的名义邀请他们兄妹五人到人民大会堂参加联欢会。五个孩子高兴坏了,同院的叔叔阿姨们也高兴坏了,忙前忙后积极为孩子们参加活动作准备。

这是怎么一回事呢?兄妹五人是什么人呢?

原来,周同山兄妹五人是孤儿,他们的父母在

五兄妹在天安门城楼前的合影

1988年中秋节,邓颖超特意约五兄妹的全家到西花厅做客

几年前先后去世，他们中最小的孩子周同义才 3 岁。失去父母后，五个孩子面临着生存问题，该怎么办呢？就在他们最无助的时候，同院子的邻居以及街道的叔叔阿姨们伸出了援手，帮助他们解决了生活难题，使五个孩子感受到了社会的温暖。

周恩来和邓颖超从报纸上了解到"五孤儿"的情况，对他们特别关注。周同山收到的请柬实际上就是周恩来、邓颖超发出的邀请。

那天，国务院在人民大会堂举行联欢会，邀请中外小朋友们参加，周恩来想到了五兄妹，便邀请这五个失去双亲的孩子来人民大会堂和大家一起联欢。五兄妹来到灯火辉煌的人民大会堂，邓颖超热情地迎接他们。她将最小的周同义抱在怀里，亲切地问他们："你们生活怎么样？有困难没有？毛主席很关心你们，周总理要我问你们好！"五兄妹望着慈祥的邓奶奶，激动得说不出话来。在联欢会结束后，邓颖超嘱咐他们好好学习、工作，不要辜负人民的期望。孩子们眼里含着泪，不住地点头。

之后，五兄妹继续在街道居委会与社会各界的关心爱护下健康成长，过着与其他儿童一样的生活。

1965 年春节，周恩来又将照顾五兄妹生活的邻居田大婶请到人民大会堂参加招待会。周恩来握着

她的手询问孩子们的情况,并赞扬她无私照顾孩子们的精神,感谢她为新中国儿童做了一件好事。

1988年中秋节,邓颖超特意约五兄妹全家到西花厅做客。这一天,天气晴朗,中南海碧波荡漾。西花厅充满了节日的气氛,茶几上摆着鲜果和月饼。五兄妹的孩子们见到邓颖超便一拥而上,并献上鲜花。邓颖超兴奋地让孩子们吃月饼,并向他们了解工作、学习、生活情况。当得知五兄妹在各自的事业上都作出了贡献时,邓颖超感到很欣慰,并勉励孩子们继续努力学习、努力工作。大家在一起度过了一个幸福难忘的中秋节。

关心孩子就是关心祖国的未来。周恩来和邓颖超一生虽没有自己的孩子,但他们把全部的爱都献给了全中国的孩子,将所有的孩子都视作祖国的未来、民族的希望,关怀备至,无怨无悔,直至生命的最后。他们对这些孩子的感情,超越亲情,大爱无边。

一幅风景照

送给侄女的结婚礼物

他指着放在客厅东墙暖气架上的大镜框说:"把这张照片拿去,算伯伯给你们的结婚礼物吧!"她则像嫁女儿一样,从缎子被面、毛织被面、毛毯、枕套,到成双成对的带盖的茶杯、磨花玻璃糖罐等,准备得一应俱全。

1963年,已经26岁的周秉德还待字闺中,她的妈妈十分着急,托付周恩来的警卫秘书何谦的夫人林玉华"说媒"。正巧,林玉华家楼下住的是民主人士沈钧儒之孙沈人骅。经林玉华介绍,周秉德和沈人骅相识,他们经过一段时间的交往,确定了恋爱关系。

1964年9月的一天,秋高气爽,周秉德一进西

1963年1月,周恩来与邓颖超在苏州园林

1964年9月,周恩来送给周秉德的结婚礼物——邓颖超拍摄的庐山风景照

花厅小客厅的大门,看到周恩来坐在客厅的沙发上看报纸,便上前叫了声:"伯伯!"

"秉德,这么高兴,是不是有喜事?"真是什么事都逃不过周恩来敏锐的目光。

"伯伯,我'十一'要结婚了!"

"是吗?"周恩来放下报纸反问道。

"伯伯,您一定还记得,我答应过您25岁以后再结婚,今年我已经27岁了,算是听话了吧?"秉德忍不住问道。

周恩来微微一笑,一回头,指着放在客厅东墙暖气架上的那个大镜框说:"秉德,把这张照片拿去,算伯伯给你们的结婚礼物吧!"

"给我?太好了!"秉德有点受宠若惊。因为这是邓颖超在庐山亲自拍摄的一张风景照,画面上是含鄱口青山之巅,飘动的白云间若隐若现着两个精美的翘角凉亭,因为抓拍到位,整个画面不是静止的,仿佛那些云雾仍在流动,十分传神。照片在《中国摄影》杂志上刊登过。因为周恩来特别喜欢这张照片,邓颖超特意请人放大了一张21英寸的,配上镜框,摆放在客厅。

从那天开始,周秉德搬过许多次家,始终带着这张照片,并一直挂在床头,因为这是伯伯亲自送

给她的最珍贵的结婚礼物。

邓颖超则像嫁女儿一样,从缎子被面、毛织被面、毛毯、枕套,到成双成对的带盖的茶杯、磨花玻璃糖罐等,准备得一应俱全,既漂亮又实用。

周秉德用纸盒装好,再用大包袱皮儿一裹,捆在自行车后架上,骑车径直一股脑儿地送到了婆婆家中。婆婆笑着直摇头:"真是时代不一样了,新媳妇自己上门送嫁妆!"

周秉德参加过许多朋友、同事的婚礼,目睹那种在饭店摆上多少桌,这仪式那规矩的,都像在捉弄一对新人,觉得特别没意思。于是,她向公婆建议不举行通常的结婚仪式。两位老人欣然接受了。9月30日晚上,两家父母、沈人骅的姐姐和姐夫以及"月老"何谦夫妇在家中吃了个"团圆饭"。正式结婚的日子定在10月1日,沈家不备饭菜,桌上只摆着糖果、瓜子、花生和茶水,通知在京的亲戚朋友,谁能来谁就来、坐坐谈谈。那天,沈人骅的姑姑沈谱、姑父范长江也来贺喜。

邓颖超和她的秘书张元也提着一个大包来了。可能是刚爬了三层楼,进屋后身体较虚弱的邓颖超有点喘粗气,周秉德急忙扶着她坐下,递上茶水。邓颖超笑容满面地对周秉德的公婆说:"恩来参加国庆典礼活动去了,我就代表来给你们道喜。秉德这孩子不懂事,你们要多教育她噢!沈谱、长江同志,你们好呀,你们也来贺喜了!"

"大姐您好,人骅他们办事怎么也惊动了您?"沈谱迎过来与邓颖超握手,面对老上级,她丝毫不掩饰自己的惊讶。"大姐您好。"范长江也上前握手。面对邓颖超的来访,他的脸上也写满了困惑。

"我怎么能不来?!秉德是恩来的大侄女,从小在我们跟前长大的,嫁她,就像嫁女儿嘛!"邓颖超反应特别快,她立刻问道:"怎么,你们都不知道?"

"这太好了,这太好了。"沈谱恍然大悟,对秉德的公公感慨道:"父亲后半生视总理为知己,如果他老人家在天有知这段姻缘,一定眉开眼笑!"

私人定制版的小炕桌

卧室里的「工作台」

回到卧室,他常常不会马上睡觉,有时还要在床上看各种文件,甚至长达一两个小时。为方便他工作,她拿出纸笔和尺子,亲自给他设计一个私人定制版的炕桌。

在家庭生活中,邓颖超是周恩来的贤内助,总是无微不至地关怀着他的生活起居。周恩来工作的特点是时间长、日程满、强度大,而且不分时间、不分地点,随时都会批阅文件。如何保证周恩来有足够的休息,是邓颖超非常关心的问题。

周恩来只要工作起来,总是沉浸其中,停不下来。有时,邓颖超会请警卫员提醒他稍作休息,但

周恩来卧室

往往并不奏效,这时候她就会亲自出马。邓颖超卧室里有一个电铃,直通周恩来的办公室。每当她凌晨三四点钟醒来发现周恩来还未休息,就会按响电铃,以作提醒。面对妻子的好意,周恩来总是面带笑容,虚心接受,如果手头没有特别紧急的事务,他都会停下手里的工作,赶快去休息。

  周恩来回到卧室,常常不会马上睡觉,有时还要在床上看各种文件,甚至长达一两个小时。他先是用几本书垫在腿上看文件,后来换成一块小三合板垫着看文件,感觉批阅起来方便许多。从此,在周恩来的卧室和其他没有桌子的地方,工作人员就

为他准备这样一块小三合板，以备不时之需。

周恩来对自己的这个发明创造十分满意，还兴冲冲地让邓颖超看他的成果。邓颖超慢慢发现，周恩来长时间坐在床上批阅文件，总是会腰酸背疼，文件放在小小的三合板上，时不时会掉落下来，无形中延长了他的工作时间。怎样才能解决这个问题呢？她一直在冥思苦想。

有一天，邓颖超与别人谈到和周恩来一起去农村调研时，突然想到北方农村常用的炕桌。这种炕桌北方农村几乎家家都用，一般是用木头制作的，轻便小巧，放在炕上，家里人可以围着它坐下，喝水吃饭，不用的时候再拿下来，不占地方，非常方便。

灵感来了。邓颖超马上动手，拿出纸笔和尺子，亲自给周恩来设计了一个私人定制版的炕桌。她有丰富的生活经验，又了解周恩来的习惯和需求，不停地画着，时不时拿出三合板亲自试一下效果，又接着修改，研究了许久才画出一张满意的设计图。这样的一个小炕桌，高度必须适合周恩来的身材，满足他靠在床头办公的需求，桌面的倾斜角度要让他感觉舒适合用，桌面尺寸既不能超过床面的大小，又要尽可能地多放文件，方便他取用。

邓颖超准备把设计图拿去请人制作时，突然又想到周恩来平时批阅文件，纸张经常会从三合板上掉落下来，这也是必须解决的问题。她继续琢磨，能不能在桌面四周加一圈边框，文件不就掉不下来了吗？果然，这个办法好。她又埋头修改起设计图，这一圈边框看着不起眼，却很讲究，既不能太高，以免让周恩来感到硌得慌，也不能太低，挡不住文件，经过圈圈改改，设计终于完成。按照邓颖超的巧妙构思制作而成的小炕桌，摆在了周恩来卧室的床上。

  但不久之后，邓颖超就后悔了。原来，这个小炕桌极大地缓解了周恩来在床上批阅文件的疲劳感，却助长了他在卧室工作的习惯，他的工作时间更长，休息时间更短了。

总理办公室不成文的规定

对身边工作人员的严要求

他对身边工作人员的要求很严格。而她也一直支持和理解自己的老伴,经常和他默契配合,管好身边的工作人员。

周恩来总理办公室有一些不成文的规定,比如不准用总理办公室的名义谋私情,不准提前、超标晋职晋级,不准搞特殊,不准接受礼品,不准买土特产,不准占用公家的东西,不准盛气凌人等。在这些问题上,周恩来对身边工作人员的要求很严格。而邓颖超也一直支持和理解自己的老伴,经常和周恩来默契配合,管好身边的工作人员。

1967年4月，周恩来远赴广州视察工作，卫士高振普等人随行，住在广州军区招待所里。周恩来在广州的数日行程安排得满满当当，身边的工作人员也是连轴转，无法抽时间出去游览。

离开广州的前一晚，广州军区一位负责接待的领导找到高振普等人，送来了11小筐水果，说："你们这几天太忙了，没有上街，也没时间给家人买点东西，我们就给你们送来一点水果，每人1筐，共11筐。"大家连忙摆手推辞，表明态度说："我们有纪律，不能擅自收礼。"可那位领导早有准备，坚持说："我们知道你们有纪律，但是你们这么多年以来第一次住在军区，我们想表示一点心意。这些水果不是白送给你们的，你们可以付钱，每筐1元，共11元。"说完，他还掏出了发票。由于是第一次住在这里，高振普等人同军区同志之前也不曾相识，不好意思当面驳了对方的面子，就答应研究一下再说。大家商量了一下，觉得这是自己花钱买的，不算收礼，而且看这一小筐水果，差不多也就值1块钱，同时也考虑应该给对方一个台阶下。于是，他们每人掏出1块钱，付给了那位领导。由于总理专机也有规定，没有接到通知是不能接受任何地方物品的，于是，他们又通知了专机组，准许上机。

20世纪70年代,周恩来、邓颖超与身边工作人员的合影

邓颖超与张树迎(左)、高振普(右)的合影

周恩来一直在忙碌,对这件事起初并不知情,直到飞机降落在北京西郊机场,他准备上车时,才看到这些筐,急忙询问高振普是怎么回事。高振普作了详细汇报。周恩来脸色立马沉了下来,只说了一句话:"回去让大姐处理吧。"

车子开回中南海西花厅时,邓颖超正等在门口迎接周恩来。看到丈夫下了车,邓颖超迎了上去,刚说了一句"回来了",就见周恩来脸色不好地指着高振普说:"你去给大姐说。"

邓颖超连忙问:"出什么事了?这么严肃。"高振普便把这件事一五一十地汇报了一遍。

邓颖超听完汇报后,联想到周恩来刚刚的脸色,猜想他一定已经批评过高振普了。她思考了一下,并没有继续批评,而是缓和了语气,说:"你要把这事处理好,把筐打开,看看里面装的什么水果,称一称,算一下多少钱再说。"

高振普丝毫不敢懈怠,赶紧照做,逐一过秤:香蕉一把约二斤(每斤一角六分),桂圆二斤(每斤三角六分),杨桃四个(约一斤),菠萝一个(二角钱),每筐水果大约1.78元。高振普把具体情况汇报给了邓颖超,并承认错误,说自己办事太不认真了,没有仔细核对价钱就收下了,以后一定吸取

教训，杜绝类似情况发生。邓颖超问他："这次的事，你打算怎么处理？"高振普诚恳地说："我们把钱补上，再写一份检查，寄去广州。"邓颖超这才点了点头，说："这样做就对了。你还年轻，要接受这次教训，做任何事情都要亲自去看看。"

后来，在一次党支部生活会上，大家又对此事作了检讨，邓颖超语重心长地对大家说："通过这件事来看，要坚持一个好的制度有多么不易呀，你想坚持了，外界还会不停地影响你，关键还是你们自己要掌握好。这次的事就过去了，接受教训就行了。"

情满西花厅

温暖的大家庭

他们是西花厅大家庭的家长,对身边工作人员及其亲属体贴入微、关怀备至。由于他忙于国家大事,她担负起了"大家长"的重任。她对每一位工作人员,政治上关心培养,生活上体贴关怀。

西花厅是周恩来、邓颖超工作和生活的地方,紧张、忙碌、有序是其主旋律。西花厅又是身边工作人员习惯称为"家"的地方。在工作人员眼中,周恩来、邓颖超犹如西花厅大家庭的家长,对身边工作人员及其亲属体贴入微、关怀备至。

由于周恩来忙于国家大事,邓颖超担负起了"大家长"的重任。她对西花厅的每一位工作人员,政

治上关心培养,生活上体贴关怀。特别是对与她接触较多的警卫、服务员、厨师、司机等,在生活上关心得更多些。因为这些人当时的工资较低,有的孩子较多,只要谁有困难,邓颖超都是拿出夫妻两人的工资予以援助。

邓颖超曾说:"为人民和同志们解决困难,是一个共产党员应该做的事,因为我们的工资也是国家和人民给的,我多出一份力,国家和人民就少一份负担。"1965年,邓颖超生病在家静养,还惦记着总理卫士组的工作人员。她拿出家里的结余,根据卫士组的人数,按照每个人的工作需要制订出一个补助计划:买自行车或手表。自行车和手表在当时是高配,能拥有一件是很不容易的事。她送自行车给家住较远、步行来上班的同志,买手表送给没表的同志。

谁家生小孩或儿女结婚,邓颖超知道了,都要买些东西送去。钟步云是周恩来的司机,1955年因"克什米尔公主号"飞机失事遇难,周恩来、邓颖超一直关心着他的家人。得知钟步云的女儿结婚,邓颖超给她送去300元作为结婚的费用,这在当时可是一笔不小的数目。可以说,在邓颖超身边工作过的人员,都得到过她的关心和照顾。

20世纪60年代初,周恩来、邓颖超与身边工作人员等的合影

周恩来很忙,有时因在外开会时间较长,回到家里时,已过了食堂开饭时间,随同工作人员便到街上的小饭馆去吃。邓颖超发现后,觉得长此下去对工作人员的身体不利,就告诉做饭的桂师傅:"跟总理出去,回来超过了食堂开饭时间,就给他们做饭,不要让他们到街上去吃了。"最终,工作人员只好听邓颖超的,但提出要求:吃挂面就可以,不要炒菜,这样减少桂师傅的负担;每吃一次饭,要交粮票、交钱。邓颖超说如果粮食不够了,补点粮票,钱就不要交了。她还叮嘱桂师傅常备些挂面,并说:"他们光吃挂面不行,要给他们炒点菜,炒些鸡蛋。"这条不成文的规定一直执行到邓颖超逝世。

作为党和国家领导人,即使出差在外,邓颖超也想着工作人员。1982年10月,她赴上海视察,自费为工作人员购买手套。逢年过节,邓颖超自掏腰包给厨师、服务员发放慰问款和奖励款。

对待工作人员的孩子,周恩来和邓颖超也给予了极大的关爱。邓颖超秘书张元的女儿肖远立回忆道:"我先后有几个家。西花厅,我住的时间最长,给我印象最深,对我影响最大。这个家中的家长不仅有我亲爱的妈妈,还有我一生敬爱的周伯伯和邓妈妈。我在西花厅这个温暖、纯洁和独一无二的环

境里,度过了无忧无虑的青少年时光。西花厅是我感到幸福、值得怀念、具有特殊意义的家!"

周恩来、邓颖超对身边工作人员及家属的关爱,温暖着他们的心。工作人员之间不计得失、任劳任怨,尽心尽力服务好周恩来和邓颖超。他们互相温暖、双向奔赴,使西花厅成为一个其乐融融的大家庭。

规劝老伴

"大字报"上的补充意见

看到他工作繁重、日益憔悴,她和工作人员写大字报,要求他改变工作方式和生活习惯。他认真读后,笑着批下八个大字:"诚恳接受,要看实践。"

1967年2月的一天,周恩来办公室门口被人贴了一张粉红色的大字报。这是怎么一回事呢?

原来,周恩来工作繁重,经常到凌晨两三点才回西花厅,回来后继续批阅文件,每天工作的时间都在二十个小时以上。过于紧张的工作节奏和心理承受的巨大压力使周恩来的心脏病更加严重了,人也变得日益憔悴。邓颖超和身边工作人员是看在眼

邓颖超与秘书赵炜一家在西花厅合影,右一为赵茂峰

里,急在心里。怎样才能让总理休息呢?他们试了很多办法,但无论是写字条还是当面劝说,都不起作用,甚至连医生也束手无策。

有人提议给周恩来写一份大字报,经过商量,这个方法得到大家的一致赞同。于是,大家便开始想词儿。

第二天，秘书赵茂峰将写好的草稿交给邓颖超，经过修改后，最终定稿，内容如下：

周恩来同志：

我们要造你一点反，就是请求你改变现在的工作方式和生活习惯，才能适应你的身体变化情况，从而你才能够为党工作得长久一些，更多一些。这是我们从党和革命的最高的长远的利益出发，所以强烈请求你接受我们的请求。

字数虽然不多，却饱含深情。定稿后，他们去买了张粉红色的纸，按照总理办公室门的大小裁好，贴在了门上。由赵茂峰抄好，邓颖超带领大家在大字报上签了名字。周恩来回来看到这张大字报，认真读后，笑着批下八个大字："诚恳接受，要看实践。"

邓颖超看后，感觉写得不全，又加了五条具体的建议，写在一张便条上，内容为：

（一）力争缩短夜间工作时间，改为白天工作；

（二）开会，谈话及其他活动之间，应稍有间隙，不要接连工作；

（三）每日节目规定应留有余地，以备临时急

西花厅工作人员联名给周恩来贴的"大字报"

事应用；

（四）从外面开会、工作回来后，除非紧急事项，恩来同志和有关同志之间希望不要立即接触，得以喘息；

（五）学会开会要开短些，大家说话要简练些。

以上几点希望恩来同志坚持努力实践，凡有关同志坚持大力帮助。

邓颖超
1967.2.5

这张大字报体现了大家对周恩来健康的关心，补充意见更凝结了邓颖超对周恩来的心意和感情。这张便条贴在大字报的下方。

短短几天时间，这张大字报吸引了很多人来看。陈毅、聂荣臻、叶剑英等老一辈革命家看后纷纷签名给予支持。

然而，这份大字报对于周恩来的"威慑"作用有限。他对大家解释说："我不能休息啊，你们看，这么多的文件都等着我批，这么多的事都等着我办，我能休息吗？"平时是这样，更何况是在"文化大革命"最混乱的形势下，周恩来根本无法好好地休息。

情长纸短　吻你万千

殷殷叮嘱

满含深情的便条

他过于劳累,心脏病严重发作。她知道后寝食难安,时刻守候在他的病床旁。她写下了这样的字条:"我看你的面容精神是疲乏不堪了,应该休息一下才是!勉强挣扎不是办法。"

1967年8月,受"文化大革命"冲击影响,再加上过于劳累的工作,周恩来的心脏病发作严重,工作中止三十个小时之久。

邓颖超知道后寝食难安,时刻守候在周恩来的病床旁。她不想用过多的话语进行规劝,以免影响他的休息。她选择用字条的形式提示老伴注意身体。

邓颖超看到,周恩来身体稍有恢复,就又像往

常那样全身心投入到紧张的工作中,全然不把自己的病体放在心上。于是,她写下了这样的字条:

恩来:
　　我看你的面容精神是疲乏不堪了,应该休息一下才是!勉强挣扎不是办法。

　　周恩来理解邓颖超为自己的健康焦虑着急的心情,他说:"今天,我的工作岗位和所负责的工作总还要我本人去做,一刻也不能休息,不能袖手旁观。所以,我还是要干下去。"
　　周恩来的工作又日复一日地繁忙起来。他向来遵守党的保密纪律,从不私下向邓颖超泄露党内重大问题。但邓颖超通过周恩来那忧愁的面容,还是能感受到他为了党和国家所肩负的责任是何等的沉重。
　　1969年3月12日晚,邓颖超在给周恩来的字条中这样写道:

　　对事对人要放眼量,力戒急躁和激动,力争保

持你的身体情况能坚持工作。因昨日蒲老[①]告我,望你应戒着急和激动,以免影响心脏波动。

对于邓颖超的劝慰,周恩来心中充满感激。但工作的繁重使他顾不上休息,他甚至几天几夜都没有跟邓颖超说说话的时间,即使他们两人的办公室只有一墙之隔。

周恩来的身体状况日益衰弱,1970年1月9日到14日,周恩来整整病倒了一个星期。目睹这种状况,邓颖超在1月14日写下字条:

恩来:

近几天你的主要任务:须要善自休养,力争身体顺利复元。否则,引起波动反而拖延时日,也有损于体健。你要学用毛主席打歼灭战的思想,那么不仅身体复元得快好,而且可以顺利地恢复和持续地工作。所见不知你以为如何?极盼你能加以考虑!

字里行间充满了关心。

---

① 指著名中医蒲辅周。

"文化大革命"期间的周恩来

在周恩来出访朝鲜前,邓颖超写字条叮嘱,其中写道:

……你无论如何要下决心在繁忙工作中,要有稍事喘息的安排,要做最低标准的一点精力储备……由于你的身体变化,年龄增长,不可能仍像过去出访时那样忙劳不堪地走上旅途,到后又接着紧张地工作。故在行前要狠舍一些事物,凡能回来办的就留着回来再办,也可使繁从简……

周恩来在4月1日的字条上回复道:

同意你的好建议,我当照办,望告杨德中、钱嘉东两同志也帮助注意。

邓颖超对于周恩来的病情焦虑万分,一方面叮嘱工作人员和医护人员精心照料,另一方面向老中医蒲辅周请教如何保持心脏健康、减少发病次数,并将蒲老多年总结出的经验写给了周恩来。

在"文化大革命"中,邓颖超给周恩来写过很多字条以表达关心。但周恩来工作繁重,不容他有丝毫懈怠。虽然很少回复,但他把对邓颖超的好意留在心间,继续为党和人民的利益而奉献自己。

以身作则正明德

周家的"十条家规"

他们一生相濡以沫,伉俪情深。共同生活半个多世纪,他们从来没有违背过组织原则,这"十条家规"便是严格家风的生动体现。

　　周恩来在生活中时刻要求亲属不搞特殊,和老百姓过一样的生活,形成了周家自觉遵守的"十条家规"。

　　"十条家规"的内容是:"晚辈不能丢下工作专程进京看望;外地亲属进京看望,一律住国务院招待所,住宿费我们支付;一律到国务院机关食堂排队就餐,有工作的自付伙食费,没工作的我们代

付；看戏以家属身份购票入场，不得享用招待券；不许请客送礼；不许动用公车；凡个人生活中能做的事，不要别人代劳，自我服务；生活要艰苦朴素；在任何场合都不能说出特有关系，不要炫耀自己；不谋私利，不搞特殊化。"

周恩来以身作则，两袖清风，高风亮节，严格遵守"十条家规"，始终把人民的利益放在第一位。他曾提出领导干部要过好"亲属关"，并认为过"亲属关"说起来容易，做起来却不那么容易。

1968年，周恩来的侄女周秉建到内蒙古插队，由于表现良好，经当地群众推荐应征参军。周恩来知道后，语重心长地劝侄女不能搞特殊化。周秉建虽然有些不舍，最终还是脱下军装，返回内蒙古草原插队劳动。周恩来和邓颖超对于脱下军装的侄女，给予很多关照。每当她从内蒙古回来探亲，邓颖超都要给她一些零用钱或为她买几件衣服。当得知侄女成家后欠了几百元钱后，邓颖超立即拿出钱为她解决了困难。

周恩来和邓颖超关心亲属的事例不胜枚举，很多人都直接得到了经济帮助，有些资助甚至维持了许多年。周恩来和邓颖超将爱无私地给了他们，使大家时刻能感受到亲人的温暖和关怀。

1970年，周恩来、邓颖超与侄女周秉建合影

周秉建在内蒙古牧区

　　周恩来和邓颖超一生相濡以沫,伉俪情深,他们共同生活半个多世纪,从来没有违背过组织原则,这"十条家规"便是周恩来严格家风的生动体现。

　　周恩来去世后,邓颖超一直践行周恩来的规定,并为此专门召集亲属开会,对他们说:"恩来生前是党和国家的领导人,但他总是以一个普通共产党员的标准严格要求自己,他把自己看作党的人,是一个人民的勤务员。在几十年的革命生涯中,恩来始终如一地遵守这条对共产党人来说最重要的准则,从不搞特殊,严于律己,把搞好我们的党风放在一个十分重要的战略地位。作为他的亲属,又有什么理由把自己放在一个特殊的地位呢?"

> 做现代「王昭君」
> 鼓励侄女扎根边疆
>
> 只有事业上的甜蜜才有爱情上的甜蜜，只有事业上的甜蜜才有生活上的甜蜜。

1968年8月，年仅15岁的周秉建响应毛泽东"上山下乡"的号召，到内蒙古草原插队。临行前，周恩来叮嘱她说："你到内蒙古牧区安家落户，一定要到贫下中牧中间去，一定要虚心向那里的劳动人民学习，学习他们的优秀品质，一定要和蒙古族人民搞好团结，做贫下中牧的好女儿，安心干革命。"

1972年春节后，周秉建回家探亲，到西花厅

看望伯伯和七妈。周恩来在与秉建交谈中问起她的年龄，并与她谈起了今后的婚姻问题。周恩来问："你今年多大了？"周秉建回答道："19岁呀，到了10月份才满20岁呢。"周恩来稍微停顿，用一种和蔼但又是与成年人商量事情的口吻对侄女说："那你将来能不能在内蒙古找一个蒙古族青年啊？你看，过去的王昭君不就是做了蒙古人的媳妇了吗？蒙古族青年也是很好的，也有不错的，可以考虑嘛。"周秉建那时还小，脑子里还没想过这方面的问题，不过，她痛快地答应道："行，我会找一个蒙古族青年的。"

1977年，周秉建参加内蒙古自治区政府代表团赴朝鲜访问。朝鲜是一个很有民族特色的国家，人民能歌善舞。内蒙古代表团于是选派了一些有文艺才能的代表参加。内蒙古自治区直属"乌兰牧骑"的男高音歌唱家拉苏荣入选其中。这为周秉建与拉苏荣的相识相恋带来了机遇。

1978年11月，邓颖超在西花厅接见了拉苏荣，了解情况。她对拉苏荣说："我们向来不干涉孩子们的婚姻大事，但是要关心、要过问。尤其是对大的（指周秉德）要管，对小的（指周秉建）也要管。你们是两个民族的联姻，不能当儿戏，因为影响会

1979年10月2日,周秉建与蒙古族青年拉苏荣结婚后在西花厅与邓颖超的合影

很大。"

　　1979年国庆节,既是国庆30周年,也是周秉建和拉苏荣结婚的日子。为了感谢伯伯和七妈对周家兄弟姐妹几十年的养育之恩,10月2日这天上午,周家姊妹兄弟6对12人先后到达西花厅。周秉建

这对新婚夫妇恭恭敬敬地给七妈行礼问候,请她对今后的新生活给予点拨指教。邓颖超十分认真地对新人说:"你们要记住,只有事业上的甜蜜才有爱情上的甜蜜;只有事业上的甜蜜才有生活上的甜蜜。要注意民族团结,要搞好民族团结,你们要做民族团结的表率和模范。"

这简短却寓意深刻的叮咛,两位新人一直牢记心间。周秉建和拉苏荣记住了七妈的嘱咐"只有事业上的甜蜜才有生活上的甜蜜"。他们用实际行动践行此言,曾被评为中央国家机关"五好文明家庭"。

谆谆教诲

要求侄儿响应国家号召

他们教育侄子在恋爱时，要尊重对方，以诚相待，信任对方，毫不掩饰。

1969年2月，周秉华从部队复员，分配到北京印刷一厂当工人。上班后不久，他去西花厅看望几年未见面的伯伯和七妈。周恩来问他："你当了几年兵回来，交女朋友了吗？"秉华很有把握地说："我复员以后，打算三年内不谈恋爱，三十岁以前不结婚。"周恩来听了很高兴，鼓励侄子说："那很好嘛，国家正在大力提倡晚婚晚育，你回到地方后，首先

应该好好工作,不要急于考虑个人问题。"周恩来继续说:"现在我要求你带个头,过三十岁再结婚,大家都这样做,每个世纪就是出生三代人了。这对我们国家和民族都是一个很了不起的贡献。"周秉华听了伯伯的话,明白了晚婚晚育的深远意义。

但周秉华食言了。1970年底,他带上女朋友李玉树的照片,去西花厅向七妈汇报。秉华先讲了两人相识的过程,又讲了目前交往的情况。

李玉树在"文化大革命"期间被分配到青海省三线工厂。同事们对秉华与一个远在青海的姑娘谈恋爱感到不解,议论纷纷。这个情况,周秉华也向七妈全盘托出了。邓颖超听后说:"我看啊,假如两个人真的是思想、感情、目标都一致,尽管离得远些,将来也能生活得很好。假如没有正确的思想指导,就是同床还有个异梦哪。"接过照片,邓颖超又问起李玉树的家庭情况,周秉华说:"我只知道她的父亲是个机关干部,具体情况我从没问过。"邓颖超说:"那就问问吧,当然我们也要了解了解。"邓颖超又问秉华:"咱们家的情况她知道吗?你爸爸的情况你对她讲过没有?如果没有,赶快讲清楚,要听听她对这件事情的想法。"邓颖超又说:"我和你伯伯对你们几个孩子的婚事都非常关心。你们一定要以革命事业为重,趁年轻时打好基础,可不要急于办事啊!"

这次和七妈谈话以后,秉华回家很快写信把谈话内容告诉了李玉树,并让她详细写了家庭情况,同时也把自己的父亲在"文化大革命"期间被关押的事告诉了女朋友。

不久,周恩来从邓颖超那里知道了秉华的事。他清楚地记着侄子"复员回京工作三年内不谈恋爱,三十岁前不结婚"的诺言。1972年元旦过后,周秉华又被七妈约到西花厅。他一进门,七妈就对他说:"一会儿吃饭,你自己的事自己对伯伯讲。"果然,周恩来一见面就盯着侄子问:"我听你七妈说你有了一个女朋友,你第一个诺言可没有兑现!"秉华解释说:"我觉得年头儿差不多了。"周恩来毫不含糊地说:"不对,年头儿不到。你1969年2月份复员,应该1972年2月才满三年。而你提前确定了关系。你说的30岁前不结婚,我看你能不能做到。"周恩来又认真地问侄子:"你父亲那个事跟人家说了吗?她是什么态度?"秉华一一回答后,周恩来"嗯"了一声,继续说道:"那还要再看,看实践!"

为了兑现对伯伯许下的诺言,周秉华与李玉树

20世纪70年代初,邓颖超同周秉钧(左)、周秉华(右)在西花厅的合影

的恋爱史长达 8 年，直至 1977 年两人才结婚，此时他已超过 30 岁。

　　面对李玉树这样一位普通的青年女工，周恩来和邓颖超教育侄子在恋爱时，要尊重对方，以诚相待，信任对方，毫不掩饰。在全面了解对方的同时，也要让对方客观地了解自己和自己的家庭成员。他们不愿意李玉树因侄子有身居高位的伯伯、七妈而特殊看中他，也希望李玉树在秉华父亲被关押的事情上有自己的思想认识和分析选择。周恩来和邓颖超希望孩子们在热恋交往中，既有浓浓的深情，又有理智的思考；既为自己考虑，也向对方负责。这对于热恋中的青年男女来说，不能不说是一个严峻的考验。正是这个考验过程，为周秉华、李玉树这对恋人今后的感情打下了坚实基础。

特殊的欢迎仪式

旁若无人的亲吻

> 他把她揽到怀里,深深地在她脸上吻了一下。两人温柔而又有风度地紧紧拥抱在一起,那么自然,那么亲热,那么旁若无人。

1969年9月2日,越南共和国主席胡志明逝世。中共中央决定,由周恩来率领中国共产党代表团前往吊唁。当时,越南战争正在进行,美国飞机经常在越南上空轰炸,地区局势紧张。而自珍宝岛自卫反击战后,中苏边界也不断爆发冲突事件,中苏关系的恶化使得越南同中、苏两国的关系变得微妙起来。在这种错综复杂的国际局势下,许多人都为周

1956年11月,周恩来访问越南时,和国家主席胡志明交谈,他们在1922年相识于法国巴黎

恩来此行的安全感到担忧。

3日晚,周恩来率代表团乘专机前往越南,原定直飞越南河内,然而专机飞到南宁上空时,机组却突然接到河内方面的通知,大意是由于灵堂尚未布置好,要求专机4日上午再到河内。代表团不得不在南宁逗留一晚。4日上午到达河内,周恩来率代表团同越南领导人会谈后,前往河内主席府正厅临时设置的灵堂,在胡志明遗像前献花、默哀,在

吊唁簿上留言，并到医院瞻仰胡志明的遗容，进行最后的遗体告别。吊唁仪式结束后，周恩来率中共代表团乘专机离开河内。

飞机返程时，天已经很晚，从河内到南宁的航线上有大面积的雷雨云，夜间能见度很差，飞行途中有一定的危险。飞机起飞后不久，进入雷雨区。整个航线都处于雷雨的包围之中，乌云翻滚，电闪雷鸣，在强大的气流颠簸中，机舱里凡是能动的东西都离开了原地。专机用了大约半个小时的时间才冲出雷雨区。然而危险还没有完全过去，飞机即将到达南宁机场时，又接到了南宁机场的报告，南宁机场正急降暴雨，能见度不足一公里，降落有困难。邻近的广州机场也同样不适合降落，只能冒着暴雨在南宁机场降落。由于能见度差，机场跑道积水很深，落地时方向差一点，都会造成极其严重的后果。幸运的是，在整个机组紧张严密的配合下，飞机终于成功降落。

邓颖超时刻关注着周恩来的消息，她的担心可想而知。在得知周恩来的专机安全降落后，邓颖超悬着的一颗心终于落地。

周恩来回到北京的那天，邓颖超和许多工作人员都聚集在西花厅客厅迎接他的归来。周恩来一进

1958年11月27日,周恩来与邓颖超在广州

门,邓颖超就急匆匆地从沙发上站起来,快步上前,边走边说道:"哎呀,老头子,你可回来了!你得亲我一下,我在电视上看到你在越南亲吻了那么多漂亮的女孩子,你得同我拥抱,同我亲吻。"邓颖超的话,让在场的工作人员顿时目瞪口呆。

周恩来"哈哈"地笑着,把邓颖超揽到怀里,深深地在妻子脸上吻了一下。两人温柔而又有风度地紧紧拥抱在一起,那么自然,那么亲热,那么旁若无人。在场的人们都对邓颖超以这种方式迎接周恩来感到惊奇,也为他们夫妻二人的真挚感情所感动,情不自禁地鼓起掌来。

艰苦朴素

缝缝补补又三年

他的内衣坏了就缝缝补补,有时把领子、袖口更换一下,又照样套在里面穿。有的衣服实在不能穿了,她又拿去改改,自己接着穿。

"你们怎么能让周总理穿这样的衣服?"这样的争论声在开罗国宾馆里响起。

1963年12月14日,周恩来开始亚非欧十四国之行。因为此次出访的国家多、时间长,而且气候多变,在出发之前,周恩来身边工作人员报请他同意,给他做了三套中山装。他指定从自己的工资里出这笔费用,而且内衣不许做新的,毕竟内衣旧

一点,穿在里面也没关系。工作人员还从他现有的服装中艰难地挑选出几件较好的衬衣和两套睡衣,这几件衬衣是他1954年为出席日内瓦会议做的,一套睡衣也打了补丁。

阿拉伯联合共和国是此次出访的第一站。开罗的天气很热,工作人员把周恩来换下的内衣交到中国大使馆,拜托使馆的同志帮忙清洗。之所以作这样的安排,是为了维护国家形象,打满补丁的衣物不便送到当地宾馆的洗衣房清洗,也经不住洗衣机的搅拌。

使馆的同志看到周恩来的衣服都非常吃惊。大家怎么也没想到,这样一位大国的总理,穿的竟是如此破旧的衣服,甚至还不如使馆的普通工作人员穿得好!中国驻阿联大使陈家康的夫人徐克立,亲自把洗好的衣服送到国宾馆,交给周恩来身边工作人员,还代表使馆的同志向他们提了意见:"你们怎么能让周总理穿这样的衣服?就是在北京,也该换一换了。"面对大使夫人的提问,大家也很无奈。

周恩来的衣服总是这样一穿就是几年、十几年,轻易不换新的,想给他做新衣服,都很难说服他。出访十四国做的这三套衣服,大多是在会见外宾的时候穿,也是穿了十几年,有的变了色,有的损坏了,

周恩来穿过的衬衣及备用的领子和袖口

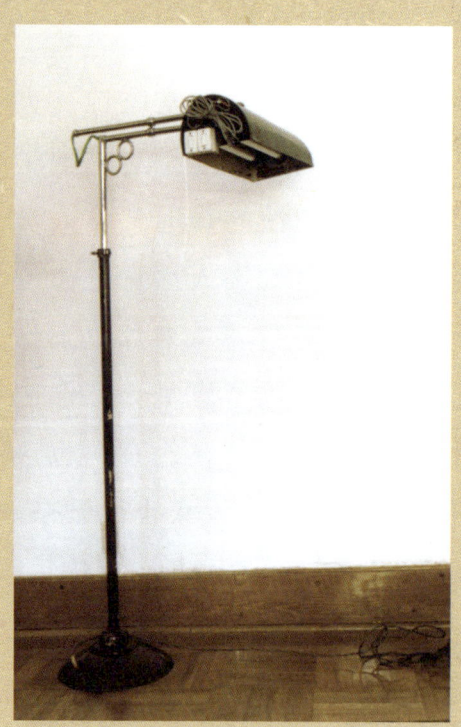

周恩来请工作人员自制的落地灯

1958年，周恩来、邓颖超在北戴河留影

有的表面一层绒都磨没了,甚至有一件的右肘部破了一个洞。但他还是不同意做新衣服,说缝补一下还能穿。工作人员请裁缝师傅用同样面料修补上,为了对称,还把左边袖子同样挖了一个洞,再补上一块。周恩来就穿着这样的衣服会见外宾,实际上,只要稍微留意,大家都能看到这两个补丁。

  周恩来和邓颖超从不讲究吃穿,他们和普通老百姓一样,吃的是家常便饭,甚至主动压低自己的伙食标准。周恩来的内衣坏了后就缝缝补补,有时把领子、袖口更换一下,又照样套在里面穿。有的衣服实在不能穿了,邓颖超又拿去改改,接着穿。他们用的东西也是省了又省。周恩来的一条浴巾用了20多年,正反打了十多个补丁,住院的时候还用作枕巾,舍不得扔掉。他请人缝制了一副套袖,用普通的蓝布做成。每次办公前,他都要仔细戴好套袖,以免磨坏衣袖的肘部或被墨汁弄脏袖口,造成衣服的磨损。他的卧室里摆放的是一张木板床,床上只铺了一层棉花套和一条棉褥子,盖的是一条普通的棉被。床边立着的铁皮落地灯,并非工业制成品,而是他拜托西花厅的工作人员自己制作的,用的也都是最普通的原材料。

  邓颖超住处的窗帘都是旧的,她出访时用的皮

情长纸短　吻你万千

箱也是周恩来多次用过的。有一次,邓颖超会见希腊客人,无意间提起自己身上的西装是用周恩来当年出席日内瓦会议时的旧制服翻改而成的。客人非常惊讶,他们都没有想到,堂堂大国总理的夫人邓颖超,在生活中竟是如此的简朴!

周恩来和邓颖超常说:"艰苦朴素是我们党的优良传统,在任何时候都不能忘记劳动人民的本色。"他们的这种美德,突出地体现在选择后事时穿的衣服上。在为周恩来选择最后一套衣服时,邓颖超交代,不要做新的,新的旧的都一样,一把火都要烧掉的,就选几件他平时最喜欢又好一点的衣服。这是他一贯的作风,他不愿浪费人民的钱。就这样,在入殓时,周恩来穿的是一套已经穿了多年的中山装和一身旧布衣裤。

邓颖超的殓服是她生前就选好的,是一套20世纪60年代做的黑色西装,她特别喜欢,1976年就是穿着这套衣服为周恩来送行的。邓颖超逝世后,工作人员取出那套西装,发现衣袖全破了,西服里子补了三处,扣眼全脱了线,裤子上补丁更多,裤腰也散了。大家满怀敬意地为她最后一次缝补衣服,邓颖超穿着它离开了她深爱的人民。

珍贵的照片

最后一张正式合影

年逾六旬的她很想与他合个影,但一直没有找到机会。恰好这天下午他没有外出的活动,工作人员急忙告诉她,并请来摄影师。这竟成为他们夫妇在西花厅拍摄的最后一张正式合影。

1970年5月20日,百忙之中的周恩来和邓颖超拍下了一张合影。

照片中的邓颖超,笑容灿烂,周恩来虽面带微笑,但眉宇间却带着焦急和忧虑。当时的国内外局势纷繁复杂,周恩来工作异常繁忙,邓颖超平时都很难和他见上一面,更何况是在一起照相了。年逾六旬的邓颖超很想与他合个影,但一直没有找到机

384　情长纸短　吻你万千

1970年5月,周恩来与邓颖超在西花厅的合影

会。周恩来身边工作人员了解到她的心思，就一直留意周恩来的日程安排。恰好这天下午周恩来没有外出的活动，工作人员急忙告诉邓颖超，并请来了摄影师等待拍照。那天一共拍了三张照片，其中就包括这张合影。但是大家谁都没有想到，这张经过精心安排的照片，竟成为现存已公开的他们夫妇在西花厅拍摄的最后一张正式合影。

长久以来，周恩来的工作日程总是排得很满，他和邓颖超的作息时间不一样，平时很少有机会在一起交谈。但周恩来总是在繁忙中挤时间和邓颖超交流，或凑在一起吃顿午饭，实在没时间一起吃饭，就利用在西花厅前院散步的时候，同邓颖超聊上几句家常。他们从来不过生日，但有时到生日时，邓颖超会精心安排一些轻松的"节目"，或是一起去看望老朋友，或是邀请亲属来家里做客，或是陪周恩来去观看文艺演出。

为了使周恩来保持健康的体魄，精力充沛地担负起处理党和国家大事的重任，邓颖超花费了很多心思，还想尽办法提醒他不要过度操劳，一定要注意休息。可以说，她除了做好自己的工作外，几乎全部心思都用在了周恩来身上。

邓颖超时刻关注周恩来的生活细节。她懂中医，

根据中医理论，注意食物的不同性状，精心安排他的饮食和保健。对周恩来服用的用于调理和保健的中药，她经常亲自审核、推敲中药处方后，才给他服用。对他的午饭、晚饭菜单，她都要亲自过目。

有时，周恩来到外面开会，到了吃饭和休息的时间，邓颖超都想在前面，经常打电话问卫士："总理吃饭没有？""吃点儿什么东西呀？"她甚至连开会中间要卫士提醒周恩来上厕所这些细微的问题都想到了。有时会议或者接待客人的时间长，周恩来没有时间用餐，邓颖超提议："是不是可以用茶杯装一点儿像稀饭、玉米粥之类的东西，端上去给总理先喝一点儿啊？"听说周恩来身边工作人员采纳了这个建议，邓颖超才放下心来。

在"文化大革命"中，面对各种困难局面，周恩来将自己的安危和荣辱置之度外，他经常说："我不入地狱，谁入地狱？！"他要为祖国和人民鞠躬尽瘁，死而后已。面对这样的周恩来，邓颖超很心疼，有时她夜里无法入睡，就会起身给周恩来写一张便条，劝他"早一点睡觉"，这样"脑思和精神能迎接一场新的斗争"。这类温暖的文字和贴心的照顾，体现了周恩来和邓颖超对彼此真挚的爱。

不知所由的"小风波"

夫妻间的小矛盾

他们很善于沟通，沟通是他们之间解决矛盾、维系和经营婚姻、保持家庭和谐的有效方法。

俗话说："两口子过日子，没有马勺不碰锅沿的。"周恩来、邓颖超虽是举世公认的模范夫妻，但他们和普通人一样，也有小小不言的矛盾。秘书赵炜回忆说："在西花厅和周恩来、邓颖超的接触中，从未听到过他们有过只言片语的真正争吵，二十多年来只见过他们两人生过一次气。"

那是1973年冬天，不知什么原因，周恩来和

邓颖超有了矛盾。当时,赵炜已是邓颖超的秘书,又兼顾总理值班室的工作,同他们两人在工作、生活上接触都很多。一天,赵炜吃完晚饭照例走进小客厅想陪邓颖超说会儿话,到门口时正好遇到周恩来往外走。当时周恩来的表情很严肃,让人一眼就能看出他心中有股尽量压抑住的气恼。但是,他很善于化解矛盾。见到赵炜,周恩来只说了一句话:"赵炜,你在这儿陪陪大姐,安慰她一下。"说完就往外走。可以看出,周恩来克制力很强,虽然在气头上,但不忘叮嘱赵炜安慰邓颖超。同时,他的暂时离开,让两人有个冷静期,可以避免矛盾升级。赵炜当时不知道周恩来和邓颖超之间发生了什么事情,但看到周恩来那副生气的样子,心里也有些发毛,就忐忑不安地进了客厅。

客厅里,邓颖超正在饭桌前扶着椅子呆呆地站着,也是一副十分生气的表情,看来她和周恩来是因为某件事真的动了气。赵炜悄悄地走到邓颖超身边,说:"大姐,别生气了,坐下歇会儿,总理让我陪你,咱们俩聊聊天吧。"赵炜轻声劝慰着,并扶住邓颖超的肩膀。

看到赵炜来了,邓颖超生气的表情缓和下来。邓颖超很善解人意,没有说为什么生气,而是转移

20世纪60年代初,周恩来、邓颖超在西花厅的合影

西花厅后院客厅

390　情长纸短　吻你万千

了话题，跟赵炜聊起早年同妈妈杨振德在一起的情况——每次回忆起妈妈，她都十分开心，忘却烦恼。

没过一会儿，邓颖超的情绪就完全稳定下来。

第二天，赵炜再次见到周恩来和邓颖超时，看到他们两人都很坦然，说话举止与平常无异。如果不是亲眼所见，赵炜根本感觉不出来昨晚他们之间生过气。从那以后，赵炜再也没见到他们两人动过气。可以看出，周恩来和邓颖超很善于处理夫妻矛盾，不让矛盾升级，这是他们维系和经营婚姻、保持家庭和谐的有效方法。

与疾病作斗争

病床前的陪伴

她亲自给他喂饭、擦汗。

他动手术时,她总是守候在手术室外面,一直等到很晚很晚。

她高度地克制内心的痛苦,在他病中还运用愉快的精神和他一起同疾病作斗争。

1972年5月,周恩来确诊患了癌症。本来,他的健康状况是不错的,但在"文化大革命"特殊的环境下,受到了严重的损害。

由于病魔的摧残,周恩来的身体日渐衰弱,但他依然坚持每天工作十几甚至二十个小时。与他相伴半个世纪的邓颖超最理解他的处境和心情,只能竭尽全力地照顾他的身体健康,并用温暖的文字给

予他精神上的支持和慰藉。

我恳切地希望你决心和自己的习惯势力开炮，来一次革命，早一点睡觉，作点物质精神准备！……我不能入睡，故起而书此以寄意。

周恩来理解妻子的深情，却无法从行动上作出改变，依然尽力用自己有限的生命为党和人民做更多的事。

1974年3月，周恩来的病情已经十分严重，癌症又有了新的发展，他每天只能靠输血和其他治疗坚持工作。直到这年夏天，他才住院接受治疗。

虽然经历了多次手术治疗，但周恩来的病情仍然得不到有效控制，不得不住进医院。

周恩来住在中国人民解放军第三〇五医院，与中南海西花厅仅一街之隔。在他住院期间，邓颖超每天都去医院探望和陪伴，成了周恩来的通信员和秘书。患病之初，周恩来还能亲自批阅邓颖超带到医院的文件，看报纸。后来，由于病情的发展，逐渐改为由邓颖超念文件，卫士和护士念报纸。她亲自给他喂饭、擦汗。周恩来动手术时，她总是守候在手术室外面，一直等到很晚很晚。她积极配合大夫的工作，有时亲自参加医疗组会议，讨论治疗方

1973年6月,周恩来疗养期间和邓颖超在香山双清别墅散步

周恩来在中国人民解放军第三〇五医院住的病房

案,提出一些建议,如中西医结合治疗、列表研究周恩来的病情指标等,尽可能地和大家一起研究争取最好的条件。她充分肯定医务人员的工作,常常予以鼓励,并用周恩来同疾病斗争的精神激励大家。

"从感情上来说,我个人是非常难过的,但我是个党员,要执行党交给我的任务。""我用无产阶级的坚韧性,高度地克制我内心的痛苦,在他病中还要用愉快的精神和恩来一起同疾病作斗争。"这是邓颖超当时的真实心态。她始终保持着往日的镇静和坚强,不给周恩来增加任何思想压力,尽量给他更多的安慰和温存。

周恩来在生命最后的日子里,没有执着于自己生命的长短,没有被病魔的痛苦击败;相反地,他一如既往地关注着人民的生活状况,关注着国家的前途和命运。他始终保持着坦然达观的心态,一直坚信共产党员应当是唯物主义者,还希望自己的妻子邓颖超正确地对待生与死。

五十载风雨同舟,一辈子相濡以沫。邓颖超忍受着自身疾病的折磨,克制着内心巨大的情感波澜,默默地承受着生离死别的巨大痛苦,始终保持着往日的镇静和坚强,理解和支撑着周恩来走完人生的最后一段旅程。

"悼恩来战友"

最后的告别

面对他的离世，她抚棺恸哭："恩来，我们永别了，让我最后再看你一眼吧，以后我再也见不到你了！"

1976年1月8日，在这个寒风凛冽的清晨，一阵急促的铃声打破了西花厅的宁静。大家都牵挂着周恩来的病情，听到铃声，心不自觉地悬了起来。

秘书赵炜强作镇定，接起了电话，卫士高振普急促的声音传来："快！快来医院！情况不好！"

邓颖超坐上车，匆忙赶往医院，即使已有思想准备，知道周恩来无法度过这个春节，她仍然觉得

这一天来得太早,来得太快。

进入病房,邓颖超看到屋子里到处都是抢救设备,医生们正在忙碌着抢救周恩来,但情况危急,希望渺茫。

9点57分,监护仪上的心跳变成一条直线,周恩来与世长辞,终年78岁。

病房里哭声一片。邓大姐用双手,最后一次抚摸着周恩来的面颊,亲吻着他的额头,边哭边说:"恩来!恩来!你走了……"

邓颖超强忍着悲伤,向来到医院告别的中央领导同志转述了周恩来生前提出的三点请求:不保留骨灰,撒掉;丧事从简,不要特殊;不开追悼会,不搞遗体告别。中央研究决定,同意不保留骨灰,但追悼会和遗体告别照常举行。对于丧事,邓颖超没有提出一项个人的要求,"一切行动听指挥"。

噩耗传出,举世悲痛。1月10日下午,邓颖超向周恩来的遗体告别。周恩来穿着他生前会见外宾时常穿的一套灰色中山装,胸前佩戴着"为人民服务"纪念章,遗体上覆盖一面鲜红的党旗。他静静地躺在青松翠柏之间,遗体前放着邓颖超献给他的一个由洁白鲜花组成的花圈,黑绸挽带上写着"悼念恩来战友,小超哀献"。是邓颖超自己提出这样

邓颖超向周恩来遗体告别

写的,"恩来战友",象征着他们之间的感情超越了普通的情爱,更多的是为共同理想和信仰奋斗的同路者;"小超",是周恩来对邓颖超的爱称,单独相处时,他总是这么温柔地呼唤她。随着周恩来的离去,再也没有人会这么叫她了!

1月11日下午,遗体告别仪式结束后,灵车从医院出发,经台基厂、长安街开往八宝山。道路两边站满了为周恩来送别的人们,大家痛哭失声。很多人从早上就开始等候,在零下十几度的严寒里等

邓颖超献给周恩来的花圈

待了七八个小时。看着送别的人群，邓颖超默默擦去了眼角的泪水，只是催促灵车开快些，不要让群众在寒风中多等。

灵车到达八宝山。遗体火化前，在告别室里，邓颖超再也克制不住自己的悲伤，一下子扑到棺木的玻璃罩上，抚棺恸哭："恩来，我们永别了，让我最后再看你一眼吧，以后我再也见不到你了！"

在整个丧事过程中，邓颖超非常坚强，但此时再也无法抑制内心的情感。这是他们的最后一面。她的爱人，她的老伴，她的恩来，终究是离开了她。五四运动中意气风发的青年、羊城再会时风度翩翩的军人、革命斗争中沉稳坚定的斗士、深夜灯下伏案工作的总理，终究都化为回忆，离她而去了。

在工作人员的多次劝说下，邓颖超才离去。晚上8点多，回到西花厅，她对身边工作人员说："让我们大家都放声地大哭吧，以后谁也不要再哭了。"话音未落，在场的所有人都痛哭起来。最后，还是邓颖超先止住了泪水，鼓励大家要化悲痛为力量，继承恩来的遗志。

爱的见证

共用一个骨灰盒

他逝世后的16年中,她一直将骨灰盒精心保存着。每到清明节的时候,她总要把它拿出来,亲手擦一擦,晾一晾,以寄托对爱人的思念。

1976年1月8日下午,受邓颖超之托,周恩来的卫士张树迎、高振普与治丧办公室的同志一起到八宝山为周恩来选购骨灰盒。

有人提议用大理石、楠木、进口红木等材质的骨灰盒,但都被邓颖超否决了。她说:"恩来生前一直要求自己生活水平不要高于人民群众,我们不能违背他的遗愿,他的骨灰盒选择一个普通的就行了。"因此，工作人员拿出两种让他们挑选，他们选定了花纹较好的一种，经过细致检查，发现有一处漆皮剥落，工作人员又拿来同样的另一个。这一个外观很好，但盒盖不太好开，再要第三个，已经没有了。经与治丧办的同志商量，选定了第二个，这是一个楠木深雕松鹤图案的骨灰盒，极其普通，甚至不是为周恩来专门定做的。

两位卫士回来后向邓颖超报告了选购骨灰盒的经过，并要她看一看。邓颖超把骨灰盒的好与不好看得很轻，她认为骨灰盒只是一种形式，没必要那么讲究。

之后，邓颖超委托他们去寻找撒骨灰的地点。她克制住悲痛的感情，哽咽着说："我很想亲自去撒，但是，目前条件还不允许我去做。再说，天气太冷，我年岁也大了，出动目标大。"邓颖超说的"目标"是指当时亿万人民对周恩来逝世的哀痛和对撒周恩来骨灰的关心。因为如果有人知道周恩来的骨灰撒在哪里，人们就会想方设法地去举行各种悼念周恩来的活动，所以撒周恩来骨灰这件事必须严格保密。邓颖超将撒骨灰的重任交给两位卫士，并让秘书赵炜和他们两人去寻找撒骨灰的地点，最好撒在有水的地方。

先后盛放过周恩来、邓颖超骨灰的骨灰盒

一月份的北京，寒风刺骨，很多地方都结了冰，他们先后去了玉泉山、京密引水渠等地，都没有选中合适的地方。最后还是由中央决定派飞机去撒，并确定将骨灰撒在北京、天津和山东北部黄河入海口等处。

后来，这个盛放过周恩来骨灰的骨灰盒被中国革命博物馆（后与中国历史博物馆合并为中国国家博物馆）作为文物收为馆藏。邓颖超得知后，派工作人员又将它要了回来。她不止一次对身边工作人员讲，她死后就用这个骨灰盒，不要买新的，为国家省点钱，并表示丧事应从简，要改革，去除旧习。她还在谈话时常常谈到生死，豁达地表示："一个人的生老病死是人之常情，是谁也避免不了，逃不掉的。"在周恩来逝世后的16年中，邓颖超一直将这个骨灰盒精心保存着。每到清明节的时候，她总要把它拿出来，亲手擦一擦，晾一晾，以寄托对爱人的思念。

1992年7月11日，邓颖超逝世。遵照她的遗愿，工作人员用这个骨灰盒把邓大姐的骨灰护送到天津，撒入了海河入海口。这个普通的骨灰盒，从某种意义上说，也是周恩来、邓颖超伟大革命爱情的见证。

"骨灰不保留,撒掉"

魂归江河大地

她打开骨灰盒,用颤抖的双手捧起骨灰,双眼含满了热泪,坚强地说:"恩来,你的愿望实现了,你安息吧!"

在周恩来逝世的当天,邓颖超向中共中央提出了周恩来生前的最后一个心愿:遗体解剖后火化,骨灰撒掉。

早在1956年的最高国务会议上,周恩来就带头响应实行火葬。他和邓颖超约定,并相互保证,死后不保留骨灰,撒到祖国的江河大地。周恩来在弥留之际,想到的仍然是死后如何为人民服务。

邓颖超抱着周恩来的骨灰盒

1月14日晚,邓颖超强忍着悲痛,手捧党旗覆盖下的骨灰盒,在凛冽的寒风中前行,将骨灰盒护送到人民大会堂,安放在台湾厅。追悼会于第二天下午举行,在追悼会上,大家难以抑制心中的悲痛,现场一片哭声,有的人昏倒在地上。邓颖超穿着一套十几年前做的黑色旧西装,一个人站在家属的位置上,忍住泪水,鼓励大家化悲痛为力量,继承总理的遗志,为国家作出贡献。

追悼大会结束后,邓颖超走进台湾厅。她打开骨灰盒,用颤抖的双手捧起骨灰,双眼含满了热泪,坚强地说:"恩来,你的愿望实现了,你安息吧!"

此时的天安门广场和长安街两侧挤满了人群,他们迎着凛冽如刀割般的寒风,等待着运送骨灰的车辆从这里经过,渴望再看一眼周恩来,向他致以最后的敬意。

这一晚,明月高悬,繁星闪烁,夜空格外清澈。一架小型农用飞机静静等待着,准备将周恩来的骨灰撒到祖国的江河大地。工作人员迈着沉重的脚步登上飞机。邓颖超在寒风中,挥手向周恩来作最后的告别。她久久地站在那里,目送飞机穿入云端。

邓颖超身体本来就不好,经过许多不眠之夜,她那花白的头上又增添了一些白发,明亮的双眼挂上条条血丝。她在身边工作人员的陪同下乘车返回西花厅休息。

第二天一早，邓颖超就得到撒骨灰的详细报告：飞机起飞后不久，首先在北京上空撒掉一份；第二站是密云水库，按照邓颖超原来设想的，把骨灰撒向有水的地方；第三站是天津海河；第四站是山东黄河入海口处。工作人员按照选定的投放点，完成了周恩来的生前遗愿和邓颖超的重托。听完汇报，邓颖超满意地点头，为实现周恩来十几年前的愿望而感到欣慰。

周恩来没有后代，没有留下坟墓，更没有留下遗产，但他留下的宝贵精神财富，值得中华民族代代相传。邓颖超逝世后，遵照她的遗愿，工作人员同样将邓颖超的骨灰融入了胸怀宽广的大海。这对志同道合、情深意笃的革命夫妻，实现了另一种意义上的重逢，永不分离。

撒周恩来总理骨灰时使用的飞机

一针一线总关情

天津73名工人送给邓颖超的丝绵袄

天津是他们的第二故乡,工人们得知他逝世的噩耗,又在电视上看到悲痛的她,心都要碎了,决定给她做一件棉袄,以表达儿女的心意。从海河畔寄来的礼物让她暖在心里。

周恩来的丧事刚结束不久,西花厅突然收到人民日报社寄来的一件包裹和一封信。拆开一看,里边是一件灰色绸面丝绵袄,再读信的内容,才知道,这件丝绵袄是天津红桥区服装二厂的73名青年工人亲手制作并送给邓颖超的,他们说,自己就是邓妈妈的儿女,送上这件礼物,聊表对她的安慰。

邓颖超一字一句读完了信,马上试了试这件丝绵袄，虽然有些大，但她身边工作人员说，可以稍微改改，春节的时候就能穿。

穿上这件衣服，邓颖超非常高兴，天津是她和周恩来的第二故乡，从海河畔寄来的这件礼物真是让她暖在心里。她虽然一向不收别人的礼物，但她知道，这件礼物代表了73名工人的拳拳心意，如果退回，他们会伤心的。因此，她欣然接受，让秘书赵炜赶快给工人们回信，对大家表示感谢，并随信附上30元钱，作为成本费，也可以用来购买图书和学习用品。

3月16日，回信寄到了天津73名工人的手里，他们悬了两个月的心终于踏实了，亲爱的邓妈妈穿上了他们亲手制作的丝绵袄，是多么令人激动的事啊！

早在1月份的时候，天津红桥区服装二厂的工人们得知周恩来逝世的噩耗，又在电视上看到悲痛的邓妈妈，心都要碎了。无儿无女的邓妈妈将如何度过那段艰难的时光？当她思念和悲伤的时候，又有什么能抚慰她呢？

青年工人张宝发想出了一个好主意，有一句俗话说"闺女是妈妈的贴心小棉袄"，大家都是服装厂的工人，决定给邓妈妈做一件棉袄，以表达他们

天津工人送给邓颖超的丝绵袄

1984年,邓颖超与天虹服装厂73名工人见面

作为儿女的一份心意。

说做就做，工人们派出代表到天津市百货大楼买布料，精挑细选，终于决定用深灰色的春绸做面，用浅灰色的薄绸做里，里面絮上软软的丝绵。这几种材料颜色大方稳重，轻薄舒适，保暖性强，正适合邓颖超。材料买好了，大问题却出现了，大家谁也不知道邓颖超的身材尺寸呀！只好去请教厂里的老师傅。李立章师傅和田铸正师傅是经验丰富的老裁缝，他们依据从电视上看到的邓颖超在周恩来追悼会上的影像和另外一张照片，凭借经验和高超的技艺，将布料裁剪成型。之后，73名青年工人日夜赶工，一针一线地将丝绵袄缝制完成，他们多希望邓妈妈能在春节的时候穿上它啊！

丝绵袄做好了，如何把它寄给邓妈妈成了更大的难题。辗转多个邮局，包裹都无法收寄。后来有人提议，把包裹寄到北京的人民日报社，请他们转送。这样，青年们又换上一块包裹布，重新写上地址，终于把包裹寄出去了。后来，他们收到了邓颖超的回信，非常开心，又用那30元钱买了鞭炮、糖果和图书。

此后几年，邓颖超穿着这件丝绵袄参加过许多重要会议，穿着它会见了来访的外宾，时常向大家

情长纸短　吻你万千

介绍这件衣服的来历。

1984年6月,邓颖超到天津视察,她有一桩心愿,就是见见为她送来丝绵袄的这73名工人。到了天津之后,她就拜托天津市有关部门寻找他们。几经周折,除了一名不幸病故、一名生病,其余71名工人终于聚齐。

7月4日,工人们打扮一新,高高兴兴地来见邓颖超。一见面,他们就围到了邓颖超的身边,叽叽喳喳地问候着她:"邓妈妈,见到您太高兴了!""邓妈妈,您身体好吗?""邓妈妈,您和电视里一样。"邓颖超也一个接一个地和他们握手,向他们表示感谢。

工人们流出了激动和开心的泪水,邓颖超深情地对大家说:"你们一针一线为我缝制的棉衣,在那非常的岁月,给我带来极大的温暖、极大的安慰、极大的激励。"分别前,邓颖超为工人们题词,并和大家合影留念。这一幕深深地刻在了工人们的心里。

把思念化为文字

支持编辑周恩来相关史料

她用一位共产党员的高度原则性和认真负责的态度，支持着相关史料的收集、校对和编辑工作，将对他的无限思念化为了留给人民的激昂文字。

　　周恩来逝世后，邓颖超压抑着心中的悲痛与思念，积极支持中共中央文献研究室编辑《周恩来选集》、撰写《周恩来年谱》和《周恩来传》。

　　1978年1月，曾经在邓颖超身边工作过十年的陈楚平开始从事《周恩来年谱》的编写工作。邓颖超对此非常关心，特意叮嘱她：工作态度上，要严肃谨慎，搞年谱，必须立足于资料、史实的扎实。

当时,陈楚平怀着焦急的心情,认为年龄不饶人,希望邓颖超作为周恩来的人生伴侣和历史的见证人,写一些对周恩来的回忆。邓颖超明确表示,她坚决反对老婆为老公树碑立传,她不能带这个头,并说,总理是人民的,是党的人,他的传记要党中央组班子来搞。她只同意帮助核实一些历史问题。

1979年初,党中央正式决定出版《周恩来选集》。对于这项工作,邓颖超直接表示:"恩来同志是党的领导干部,选集如何编,我不参与意见,但也不是完全不负责任。对恩来同志的历史、或者他的一些著作中,如果有些情况你们不清楚,需要我帮助核对一些史实,我不推辞,一定尽我所能,知道的全告诉你们。"

她从不干预,却处处给予帮助。接到编者送来的文稿,她总是在百忙中抽出时间仔细核对审阅,反复核实史实,并及时反馈意见。面对史料的取舍,她提醒编者:"一定要有确实依据证明它是恩来同志的东西才能用,不要根据分析或猜测。在没有证实之前,宁舍勿选。"总之,"要踏实、要精细、要实事求是,要唯物主义"。

在《周恩来书信选集》的编辑过程中,邓颖超亲自挑选出周恩来写给她的十多封书信,还提

1981年4月13日,邓颖超邀请中共中央文献研究室周恩来研究组全体同志到西花厅做客

供了不少征集书信的重要线索,为编好这本书带来了方便。

对于《周恩来传》,邓颖超也提出了指导性意见:"你们在写周恩来时,对他既不要颂得过高,也不要贬,应当实事求是。"她特别指出:"有些

人不是实事求是的,好像把什么功劳都放在周恩来身上……还有,遇到争论,总是想方设法一定要找到有个正确意见的人,那就是周恩来。这样做往往会浪费时间,不能落实……你们要注意恢复历史本来面貌的问题。"此时正值她病重期间,她一边同病魔作斗争,一边听秘书读《周恩来传》的内容,并让秘书把她的意见写信告诉编者。她还表示等听完了全书以后,再谈谈她的意见。谁知病魔很快就夺去了她的生命。

邓颖超正是如此,用一位共产党员的高度原则性和认真负责的态度,支持着周恩来相关史料的收集、校对和编辑工作,将对伴侣的无限思念化为了留给人民的激昂文字。

> # "我肚子里还装着很多话没有说"
> ——《一个严格遵守党的保密纪律的共产党员》
>
> 他们都知道不久就会面临人生最后的诀别,但他们都把这一生没有说的话继续深深地放在各自的心中,永远地埋藏在了心底。

1982年6月30日,邓颖超在《人民日报》上发表文章《一个严格遵守党的保密纪律的共产党员》,回忆了她和周恩来在工作和生活中如何共同遵守党的保密纪律。

在几十年的政治生涯中,周恩来和邓颖超时常不在同一个地方工作,但始终遵守着党的教导:不应该说的事,不要说;不应该问的事,不要问;不

应该看的文件,不要看。而且他们还用同样严格的标准要求着身边的人。

中国共产党成立初期,他们相互谈到自己的理想和信念,却不知道对方在何时何地入党;南昌起义前夕,邓颖超默默送周恩来迈上艰难的革命征程,不知他将去往何处,不知二人何日方可再会;西安事变爆发后,邓颖超只知道周恩来将前往哪里,却不了解他身上担负着什么样的重担。在革命战争年代,保守秘密成为每个共产党员的自觉行动,周恩来和邓颖超作为人生的同路人,无言地用行动践行着这样的准则。

结婚以后,周恩来和邓颖超曾经定下协议,两人可以在一个地方或一个机关工作,但不要在一个具体部门共事。新中国成立后,周恩来肩负的责任更重了,正如邓颖超所说:"恩来同志知道的党和国家的秘密多得很。我们之间仍是信守纪律,他不讲,我不问;我不讲,他也不问。"

周恩来和邓颖超感情深厚,但一直公私分明。平时他俩聊天涉猎的范围很广泛,从国家大事、文化艺术,到家人朋友、柴米油盐,但从来不会谈及未公开的机密事件,尤其是周恩来认为邓颖超不应该知道的事情,就绝不会向她透露任何一个字。

邓颖超在办公室里批阅文件

《人民日报》上刊载的《一个严格遵守党的保密纪律的共产党员》(前半部分)

《人民日报》上刊载的《一个严格遵守党的保密纪律的共产党员》(后半部分)

中国第一颗原子弹爆炸前夕，周恩来交代："这次试验，参加的全体工程技术人员要绝对注意保守国家机密，试验的种种情况不能告诉其他任何人，包括自己的家属和亲友。"他还表态："邓颖超同志是我的爱人，党中央委员，但这件事同她的工作没关系，我也没有必要对她说。"直到原子弹爆炸成功后，邓颖超才和全国人民一起知道了这一激动人心的消息。

周恩来的办公室是他每天工作的地方，他对文件的保管、人员的出入、信函的装拆，都有非常严格的规章制度。尽管邓颖超的办公室和这里离得很近，但她极少进入，严格地遵守着周恩来的保密纪律。

周恩来确诊癌症后，有一次，他俩在病床前交谈，他对邓颖超说："我肚子里还装着很多话没有说。"她回答："我肚子里也装着很多话没有说。"当时，他们都知道不久就会面临人生最后的诀别，但他们都把这一生没有说的话继续深深地放在各自的心中，永远地埋藏在了心底。他们只是心有灵犀地深情对视着。最后还是邓颖超说："只好都带走嘛！"

周恩来和邓颖超始终遵循着他们入党时面对党旗宣告的誓言，并用自己的言行践行着它，共同成为严格遵守保密纪律的共产党员的杰出楷模。

享誉世界

夫人外交的典范

> 她继承了已故丈夫的外交传统，像他一样，也是广闻博识、明达而又虚怀若谷。

邓颖超作为独立的女性、杰出的妇女工作的领导人，一向不图虚名，不以总理夫人身份自傲。但是，一旦组织在外事工作上需要她以这一身份出现时，她总会尽心尽力地担负起这个责任。

20世纪50年代开始，面对外交形势的新变化，邓颖超以总理夫人的身份积极地配合周恩来的国事活动，热情地参加对外国元首及友人的接待工作，

为推动我国外交工作的发展作出了不可磨灭的贡献。在来宾面前,她仪态大方、举止得体,坦诚地回答各种问题。她态度诚恳,却又不失原则;她亲切热情,却不喧宾夺主。她以自身的才能和风采为新中国的夫人外交树立了优秀的典范。

周恩来逝世后,邓颖超继续长期从事国际友好活动,会见了来自世界许多国家的领导人及各阶层友人。在当选全国人大常委会副委员长和全国政协主席之后,她不顾年高体弱,作为中国人民的友好使者,先后出访多个国家和欧洲议会。邓颖超在严谨中融入了女性的细腻与温柔,原则性与灵活性相结合,对外交往中待人关心体贴,且十分谦虚,形成了自己独特的外交风格,不愧是大家称颂的"大姐"。

在邓颖超出访的所有国家,人们不约而同地以双重身份接待她,她既是中国的全国人大常委会副委员长、全国政协主席,又是已故的周恩来总理的夫人。这些国家的政府官员和各界人士,也以接待周恩来总理的规格和心情来接待她。即便是初次见到邓颖超的人,也没有失望。在邓颖超身上,他们仿佛再次看到了周恩来光辉伟大的形象、高度严谨的政治品格、娴熟优秀的外交风采、谦虚高尚的人格魅力、真诚周到的行事风格,回忆起他为中外友好作出的卓越贡献。正如斯里兰卡总理班达拉奈克夫人所说:"您继承了已故丈夫的外交传统,像他一样,也是广闻博识、明达而又虚怀若谷。"大家公认,邓颖超是周恩来的杰出夫人,他们几乎很少遇到这样匹配的一对伴侣。

国际上普遍关注新时期中国的政治走向和外交政策时,邓颖超率团多次出访,在宣示党和国家的政策、传播友谊、树立国家形象方面发挥了重要影响,为新时期对外关系进一步发展铺设了道路。

接触过周恩来和邓颖超的外国友人,无不对他们的智慧、风采和品格留下深刻的印象。他们都思维缜密,心胸开阔,善于体察他人的心意,与人交往时,既能从小处入手,使人如沐春风,又能在大处着墨,统观全局。在他们身上,大家看到了已经站立起来的中华民族的高度自尊和自信,感受到中国实事求是、以诚待人的外交品格。他们赢得了国际国内人士的普遍尊敬与信任。

1977年,邓颖超访问缅甸

1977年,斯里兰卡总理班达拉奈克夫人到机场迎接邓颖超一行

> **架起友谊的金桥**
>
> 岚山诗碑
>
> 她以精力充沛、谦虚谨慎、热情诚恳、敏锐豁达的独特风度，用有限的精力努力完成他未竟的宏伟事业。

1979年4月8日，正是春光灿烂、樱花盛开的时节，邓颖超应邀率领中国人大代表团出访日本。

能够到访日本，邓颖超非常高兴。因为周恩来青年时代曾东渡日本探求救国之道，在那里接受了新思想的影响，开始接触马克思主义。中华人民共和国成立后，他作为国家总理，为发展中日两国人民的友谊、实现中日邦交正常化，付出了大量心血，

作出了杰出贡献。他以博大的胸怀、超凡的智慧和完美的人格,深受日本人民的爱戴。他生前曾希望中日缔结和平友好条约之后,在樱花开放的季节再访日本,但未能成行。这个遗憾终于被邓颖超弥补了。

邓颖超在日本访问了多个城市,又和许多日本朋友见了面。大家看到她的风度、神采和人品,仿佛又重新目睹了当年周恩来总理的风采。

4月16日,邓颖超和代表团来到京都西部的岚山,参加周恩来诗碑的揭幕仪式。诗碑位于岚山景区大堰川左岸龟山公园内静静的一隅,四周苍松环抱,白樱如云。1978年中日和平友好条约缔结后,邓小平和中日友好协会会长廖承志访问日本,经日本国际贸易促进会等中日友好团体提议,中日双方共同建造了这座诗碑。碑身使用京都名石鞍马石,高2.4米,重5吨,正面镌刻的周恩来《雨中岚山》诗作,由廖承志手书,背面刻着为建碑作出贡献的团体和代表的名字。

诗碑左侧还立有一个副碑,上面刻着:"为了表达一九七八年缔结的中日和平友好条约,并且为表达京都人民世世代代友好的心愿,在这渊源深远之地,建立伟大的人物周恩来总理的诗碑。"

1979年4月,邓颖超在周恩来诗碑前留影

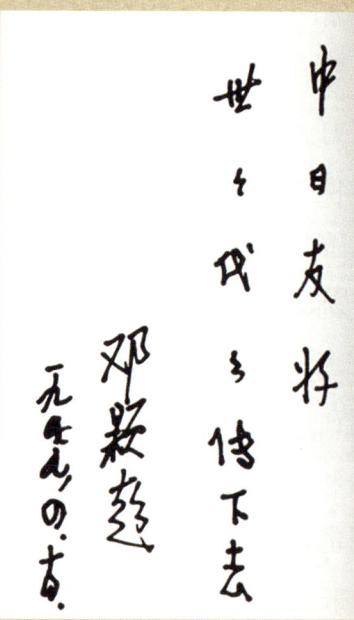

邓颖超访日期间的题词

仪式开始前,天空一直下着蒙蒙细雨,这种天气同60年前周恩来游览岚山胜景时相仿。许多日本朋友从各地赶来参加诗碑揭幕仪式,大家举着中日友好的标语,夹道欢迎邓颖超。

上午11点半,揭幕仪式正式开始。邓颖超和为诗碑设立作出重要贡献的95岁高龄的吉村孙三郎一起拉动彩带,白色绸幕徐徐展开,赤褐色的诗碑呈现在大家面前。

雨中二次游岚山,
两岸苍松,夹着几株樱。
到尽处突见一山高,
流出泉水绿如许,绕石照人。
潇潇雨,雾蒙浓,
一线阳光穿云出,愈见姣妍。
人间的万象真理,愈求愈模糊,
——模糊中偶然见着一点光明,
真愈觉姣妍。

这首著名诗篇《雨中岚山》,作于1919年4月5日,表达了青年周恩来在黑暗中寻求光明、在迷茫中探索真理的真实感受,他认识到只有马克思主义如"一线阳光穿云出",能够挽救深陷危亡的中国。

在热烈的掌声中,邓颖超发表了讲话,回顾了当年周恩来在日本的经历,感谢日本朋友对他的赞扬,希望大家共同努力,使中日两国伟大人民的友谊,像苍天的松柏,万古长青。

在她讲话时,天空突然放晴,云彩揭开,一线阳光照进来,正像周恩来诗里描绘的情景一样,"一线阳光穿云出",宛如奇迹,岚山风景,愈觉姣妍。邓颖超即兴说:"刚才太阳出来了,照耀着我们。它象征着中日两国人民的友好无限光明!"这句话打动了在场的每一个人。

对于此次出访,日本政府以接待周恩来的隆重规格,热烈欢迎邓颖超的到来,也表达了对周恩来的崇敬和怀念。在日本的短短几天里,邓颖超以谦虚谨慎、热情诚恳、敏锐豁达的独特风度,用有限的精力努力完成周恩来未竟的宏伟事业,赢得了日本各界的普遍赞誉。

圆梦巴黎

戈德弗鲁瓦街17号

她不仅实现了自己青年时代踏足革命圣地的梦想,来到了与他爱情萌芽的地方,而且代替他重访他青年时代学习和战斗过的国度。

1980年6月9日,邓颖超率领中国人大代表团,登上了飞往巴黎的航班,正式出访法国。

巴黎对周恩来和邓颖超有着特殊的意义。这座城市,是邓颖超多年来的向往之处,也是她与周恩来爱情之花萌芽初绽的地方。60年前,周恩来及觉悟社的战友张若名、郭隆真等人远赴法国,到那里去学习最先进的知识,了解最进步的思想,寻求能够救国的真理。邓颖超因年龄尚小、母亲有病不得不放弃远赴异国的理想,留在国内,开始从事小学教师的工作。

6月9日,邓颖超飞抵巴黎。10日下午,她在法国国民议会副议长安德列·德勒埃德的陪同下,来到戈德弗鲁瓦街17号。这是一座不大的三层楼房,矗立在闹市区的幽静小街道里。60年前,周恩来就住在这座小旅馆里,从事革命活动。

雨后的空气格外清新。邓颖超走下车,站在旅馆门前,静静地端详起这座具有重要纪念意义的建筑物。虽然她是初次来到这里,但心中并未感到陌生,因为她当年曾接到周恩来从这里寄出的许多信件和明信片,对这里有着浓厚的亲切感。她仔细观看旅馆墙面上的周恩来纪念牌,这是一块墨绿色条纹的大理石,上方是周恩来的铜质浮雕像,中间是邓小平题写的"周恩来"三个金色大字,下边则用法文标注着:"周恩来,1898—1976,他于1922—1924年在法国期间住在这所房子里。"这块纪念牌是1979年10月经法国政府倡议,由巴黎市政府设立的。

沿着狭窄的楼梯,邓颖超登上旅馆三楼,进入16号房间。这个房间面积不到5平方米,摆放了一

1980年6月,邓颖超参观戈德弗鲁瓦街17号

1980年6月,邓颖超参观巴黎公社社员墙

张单人床、一张小桌子和一把椅子,除此之外,就再放不下其他东西了。"这里就是恩来当年生活和工作的地方啊!我终于来到了这里。"邓颖超环顾房间,又在床上坐了一会儿,这时的她,仿佛看到:就在这间斗室里,周恩来伏案工作,同志们直抒胸臆、畅谈大势,从这里出发,大家为组建中共党团早期组织而奔波劳碌。

邓颖超慢慢走出房间,看到门外狭窄过道里有一个老式自来水龙头,上边锈迹斑斑,如今已不再使用。当年周恩来就是在这取水用水的。她非常感慨:"过去,党的旅欧支部在这里开会,有的人就坐在地上。当时恩来工作、生活特别艰苦。他夜以继日地紧张工作,常常只靠白水、面包度日。"周围陪同的同志听罢,都肃然起敬。

下楼的时候,邓颖超来到二层临街的一个房间向下张望,微笑着向外边的法国朋友频频挥手,并用法语讲"友谊""友谊"。大家听了,都热烈地鼓起掌来。

在周恩来纪念牌下,邓颖超向旅馆经理热拉尔·古博尔赠送了一幅用镜框装饰的精美刺绣《松鹤》,并说这是中法两国人民友谊的象征。

邓颖超此次来到巴黎,是一场圆梦之旅,不仅

实现了自己青年时代踏足革命圣地的梦想,来到了与周恩来爱情萌芽的地方,而且代替周恩来重访了他青年时代学习和战斗过的国度。

早在1964年1月,在周恩来的不懈努力下,中法两国建交。法国是第一个与新中国建立外交关系的西方大国,中法两国人民建立起深厚的友谊。邓颖超这次巴黎之行,延续着周恩来参与开创的中法友谊之旅。

忆往昔峥嵘岁月稠

重返津门

她在晚年三次重返津门，追忆了她和他共同的革命经历和情感生活。故地重游，情丝无限。巍巍津门，见证了他们真挚的爱情。

1983年9月6日，邓颖超专程从北京来到天津，应南开中学之邀去看望那里的师生员工。

南开中学原名南开学校，是中国近代著名的新式学校，也是周恩来青少年时期学习、生活的地方，对他的成长有着深远的影响。邓颖超也曾在天津生活十余载，五四运动时期，她和同学们多次到南开操场参加革命活动。这里留下了他们二人共同的珍

贵记忆。

时光倏忽六十载。当她走进南开中学的校舍，迎面看到的是"容止格言"和大立镜。当年，年少的周恩来风华正茂，每天都驻足于此，检视整理自己的举止仪表；现在的邓颖超，已是耄耋老人，仍为了党和国家的事业奔走操劳。

她走进周恩来当年上课的二楼东四教室，缓缓地坐在第一排周恩来曾经的座位上，环顾四周。看到教室墙上挂着当年他所在班级获得的"含英咀华""习字优胜""野跑优胜"的奖状，她十分感慨，对陪同的南开中学校长说："当年周恩来同志坐在这儿学习过，到现在六七十年之后，我还幸存着，我今天坐在他曾坐过的地方，也来当一名学生，太幸运了。"

邓颖超来到礼堂，和南开中学的一千多名师生员工见面，发表了热情的讲话。她说："天津是我的第二故乡，南开中学是周恩来同志的母校。你们学习在这里很光荣，但是你们并没有因此骄傲，这样谦虚的品德使我很高兴。"她赞扬了南开中学师生提倡的"一主三自"精神，即发挥教师的主导作用，教育学生自觉地提高政治觉悟，培养学生养成自学和自我管理的能力。这样的校风和学风，对周

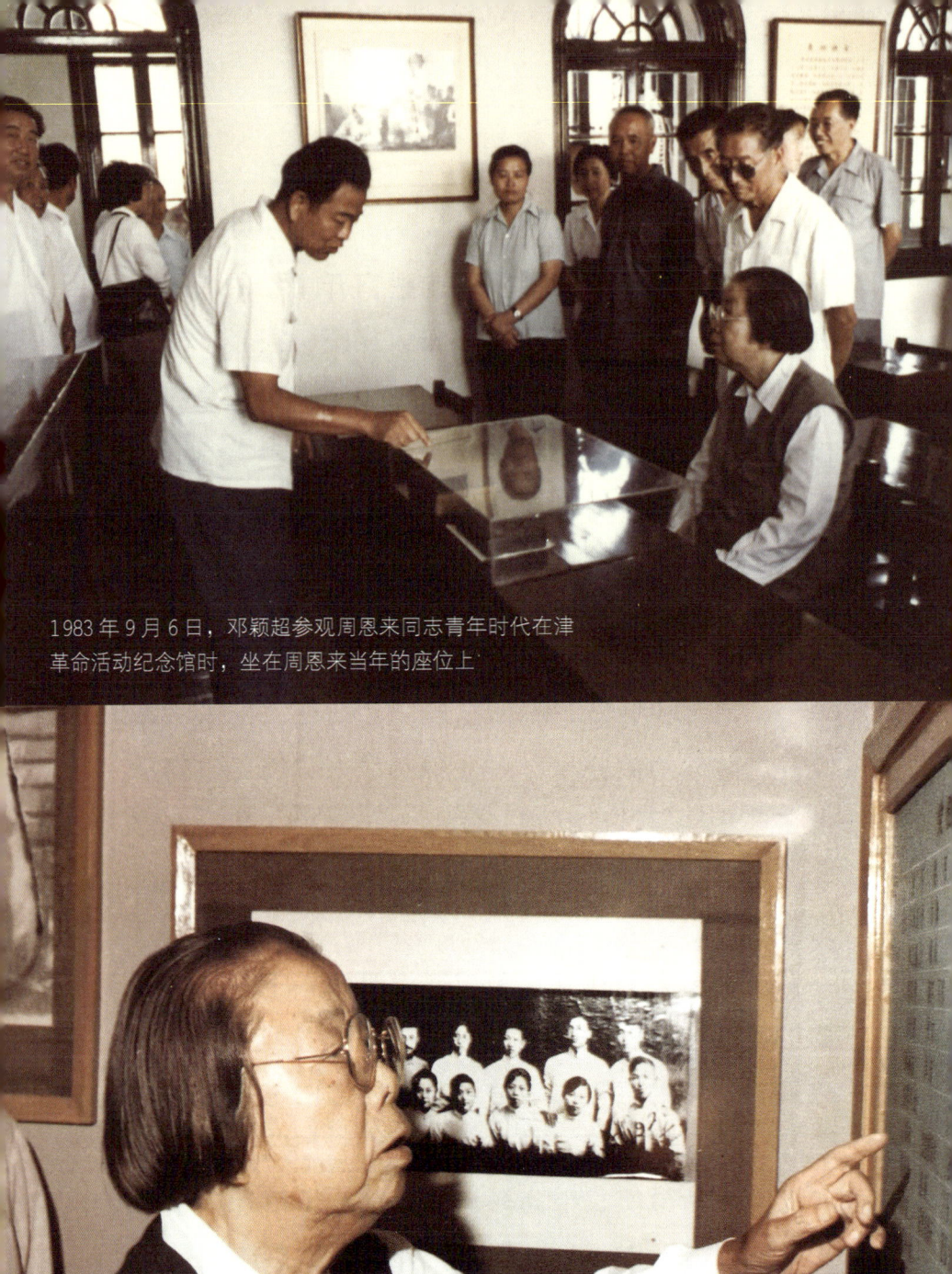

1983年9月6日,邓颖超参观周恩来同志青年时代在津革命活动纪念馆时,坐在周恩来当年的座位上

邓颖超在觉悟社忆当年

恩来的成长产生了非常重要的积极影响。她还回顾了周恩来在天津刻苦学习和从事革命活动的情景，对同学们说："你们应当努力学习，成为有理想、有道德、有知识、有才干，符合'四化'建设需要的合格人才。"邓颖超的讲话，极大地激励了南开中学的师生员工。

之后，邓颖超参观了周恩来同志青年时代在津革命活动纪念馆。她仔细观看了周恩来在南开学校参演新剧的剧照，回忆道："当年我们都参加过新剧的演出。他演戏演女的，我演戏演男的。因为那时候男女不能同台演出。封建习俗厉害着呐，男女授受不亲啊。"

纪念馆的展览介绍了周恩来参加五四运动的英勇事迹，邓颖超也是那段历史的亲历者。她边参观边回忆当年和周恩来及其他战友共同的革命经历，向工作人员讲述当时的一些动人情景。此次回津，虽然只停留了短短的一天，却勾起了邓颖超对她和周恩来青春岁月的沉沉追忆。

1984年6月15日至7月10日，邓颖超到天津视察。她会见了各级政协委员、工人、青年、妇女，以及在天津的老战友、老同事、老同学。当她接见天津市委党史资料征集委员会工作人员时，畅谈了自己当年在天津进行革命斗争、组织女星社的情况,并强调:"研究历史最重要的是时间和事实的准确性……你们研究历史一定要好好学习辩证唯物主义和历史唯物主义,一定要实事求是。"

当她和老友故旧见面时,嘴里时常冒出一口地道的天津话,虽然阔别数十载,但她对天津的特色食品依然非常熟悉,像耳朵眼炸糕、崩豆、嘎巴菜、煎饼果子、狗不理包子等,都是如数家珍。她还对天津旧的风土人情了如指掌,包括"娘娘庙""拴娃娃"等,对旧的租界地也都非常清楚。天津的文化和风俗在她脑海中留下了深深的印记。

1986年9月,邓颖超再次视察天津,重返和周恩来共同战斗过的地方——觉悟社,并特意在觉悟社旧址门前留影。当年在这里,他们一起进行各种新思潮的研究与探讨,也对彼此有了更深入的了解,为日后订立鸳盟打下了坚实的基础。之后,她参观纪念馆时,不仅仔细研读展览内容,而且情不自禁地回忆起她和周恩来当年的战斗生涯。

忆往昔峥嵘岁月稠。邓颖超在晚年三次重返津门,追忆了她和周恩来共同的革命经历和情感生活。故地重游,情丝无限。巍巍津门,见证了他们真挚的爱情。

情长纸短　吻你万千

"三孔"焕新生

——视察山东曲阜

保护"三孔",她继承了他的遗志,并开创了新的辉煌。

山东曲阜的孔庙、孔府、孔林,统称"三孔",被联合国教科文组织列入世界文化遗产名录。

1984年6月11日下午,邓颖超来到孔子的故乡曲阜。"三孔"是曲阜最重要的文化符号,但其命运十分多舛。孔子这位圣人生前郁郁不得志,死后却享受尊荣。历代皇朝给他加了各种尊封,并为其后裔修建了规模宏大的孔府、孔庙和孔林。1966

年11月,北师大的红卫兵来到曲阜,发动所谓"讨孔运动"。他们捣毁孔庙,破坏孔府、孔林、鲁国故址,砸毁古碑,刨平孔坟,"三孔"遭受了严重损失。周恩来得知情况后,痛心疾首,立即作出保护文物名胜的指示:"曲阜的'三孔'建筑是国务院颁布的国家第一批重点文物保护单位,决不允许任意破坏!"他的及时制止使"三孔"免遭更大的破坏。

6月12日,邓颖超兴致勃勃地参观了孔府。它是明朝(1503年)修建的,占地240亩,共有九进院落、463间房子,体现了我国古代建筑高超的工艺水平。

6月13日,她参观孔庙。孔庙大成殿和北京故宫太和殿同等规格,大成殿前十二根双龙戏珠深雕镂空柱是中国最好的龙柱,堪称中国一绝。听到陪同人员的介绍,她仔细观赏了这些石柱,赞叹古代劳动人民的精心创造。之后,她看到大成殿的彩画没有多少岁月的痕迹,询问是何时修缮的,陪同人员回答:1969年,周恩来总理顶着各方面的巨大压力,毅然下达大修孔庙大成殿的指示,由国家拨款13万元。山东省和曲阜县有关部门遵照他的指示,于1970年完成了大成殿的大修任务。在当时的政

1984年6月10日,邓颖超在游览泰山途中

1984年6月,邓颖超在曲阜孔庙大成殿与随行人员合影

治环境下，周恩来考虑文物保护的迫切需要，毅然批准拨款修缮孔庙大成殿，这需要何等的胆识和远见！离开之前，邓颖超亲笔写下题词："古为今用"。

山东省委的同志建议成立一个孔子基金会，以便多方筹集经费，进一步整修"三孔"，邓颖超表示赞同。回到北京后，她向中共中央提出建议，得到同意。此后，国务院批准给曲阜拨款1150万元维修孔府、孔庙、孔林和其他古迹。9月，中共中央书记处决定成立国家支持的群众性学术团体——中国孔子基金会，确定邓颖超推荐的谷牧任名誉会长，匡亚明任会长。

周恩来以国家总理的身份在灾难中保全了"三孔"，邓颖超以全国政协主席的身份到曲阜视察，推动了"三孔"这一重要文化遗产的进一步发展。她继承了他的遗志，并开创了新的辉煌。

晚霞满天

继承遗志

> 年逾古稀的她，以乐观主义态度面对生死，在他逝世后，以极大的毅力克制了自己的悲痛与思念，坚强地继续投身他们共同奋斗的事业，再次发挥了自身的光与热，创造了光辉的业绩。

1976年1月15日周恩来追悼会后，邓颖超在人民大会堂台湾厅对周恩来亲属和身边工作人员、医疗组成员，作了一次非常重要的讲话。当时，她说："恩来同志和我们永别了。你们要坚强，不要过分的悲伤。我们要继承他的遗志，为了党和人民的事业，在新的革命路上永远向前进！"

她是这么说的，更是这样做的。年逾古稀的她，以乐观主义态度面对生死，在周恩来逝世后，以极大的毅力克制了自己的悲痛与思念，担任中共中央政治局委员、全国人大常委会副委员长和全国政协主席，坚强地继续投身他们共同奋斗的事业，再次发挥了自身的光与热，创造了光辉的业绩。

20世纪50年代起，周恩来连任第二届、第三届、第四届全国政协主席，全面领导政协工作。他是中国共产党统一战线工作的一面旗帜，坚定不移地贯彻"长期共存，互相监督"的方针，高举爱国主义、社会主义旗帜，发扬政治协商、民主监督、合作共事的优良传统，以海纳百川的胸怀，最广泛地团结最大多数的爱国人士，建设社会主义国家，为坚持和完善中国共产党领导的多党合作和政治协商制度作出了重要贡献。

1983年，邓颖超担任第六届全国政协主席。在主持政协工作的五年中，她广泛发扬民主，充分尊重和调动委员的积极性，提高了人民政协在建设有中国特色的政治民主生活中所起的作用。她为落实政协委员政策作出巨大努力，并多次视察各地，体察民情，激励大家改革开放的斗志，推动全国地方政协的建设工作。她还经常亲自参加政协委员的小组讨论会，和大家平等坦诚地共商国是。在统一战

1954年12月,全国政协二届一次会议期间周恩来和委员们亲切交谈

1984年5月17日,邓颖超参加全国政协台盟和台联小组讨论会

线工作中,邓颖超始终保持着虚怀若谷的态度、坦率真挚的作风、无私无畏的品格,增进彼此间的了解,在党内外赢得了巨大的信任和尊敬。

她不顾年老体弱,做了许多周恩来生前想做而没有做的事。她非常重视对台湾的工作,并曾担任中央对台工作领导小组组长,广泛接触海内外人士,积极推动海峡两岸的交往，为实现祖国的统一付出了大量的心血。她还积极致力于国际友好活动，先后出访了许多国家，会见了来自五大洲几十个国家的各界人士，利用自己的影响和联系，拓宽了周恩来生前开辟的中外友谊之路，赢得了国际友人的普遍尊敬和信任。

生命不息，奋斗不止。为了做好工作，邓颖超和病魔作了坚决的斗争。她曾先后动过几次大手术，每次都凭借着顽强的精神、极大的毅力，以及对党和人民事业的无限热爱，战胜了病魔。1988年她退休后，仍心系党和国家的事业，直至生命的完结。

邓颖超曾经说过："我和周恩来都是人民的勤务员，为理想的新中国、为伟大的共产主义事业奋斗的战士。全心全意为人民服务，这是无止境的，无限制的，直到最后停止呼吸。"邓颖超和周恩来具有同样坚定的理想和信念，她继承了周恩来未竟的事业，发扬了他的优良作风，以自身的才干和品格，让人们心中留存的周恩来的形象更加崇高，也和周恩来一起成为共产党员的光辉典范。

两份遗嘱

情归海河

他们心胸豁达，对生死问题看得很透彻。轮船拉响了汽笛，和着鲜艳的月季花瓣，她的骨灰被撒向海河，奔向了浩瀚的大海。

邓颖超生前，写过两份遗嘱。1978年7月1日，她给党中央写了一封信，对自己的后事作了安排。她恳切要求：遗体解剖后火化；骨灰不保留，撒掉；不搞遗体告别；不开追悼会。1982年6月17日，她又补充了两点："万勿搞什么故居和纪念等，这是我和周恩来同志生前就反对的。""对周恩来同志的亲属，侄儿女辈，要求党组织和有关单位的领

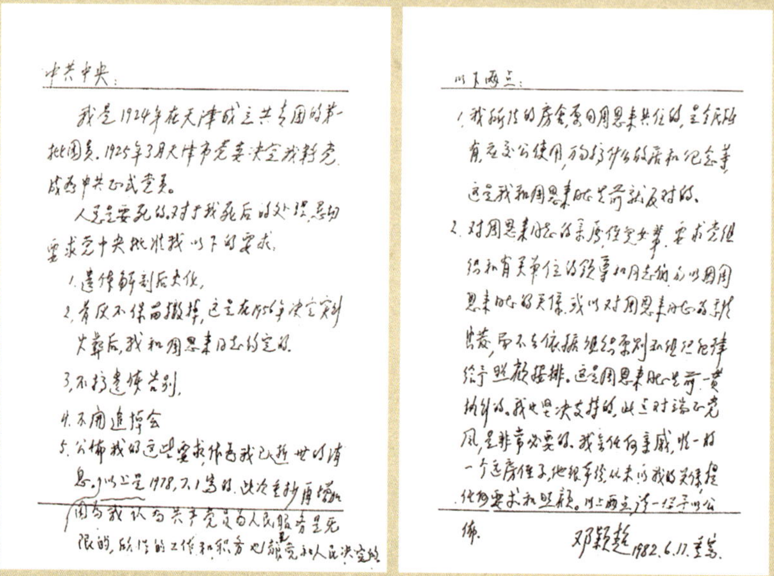

1982年6月17日，邓颖超写的遗嘱

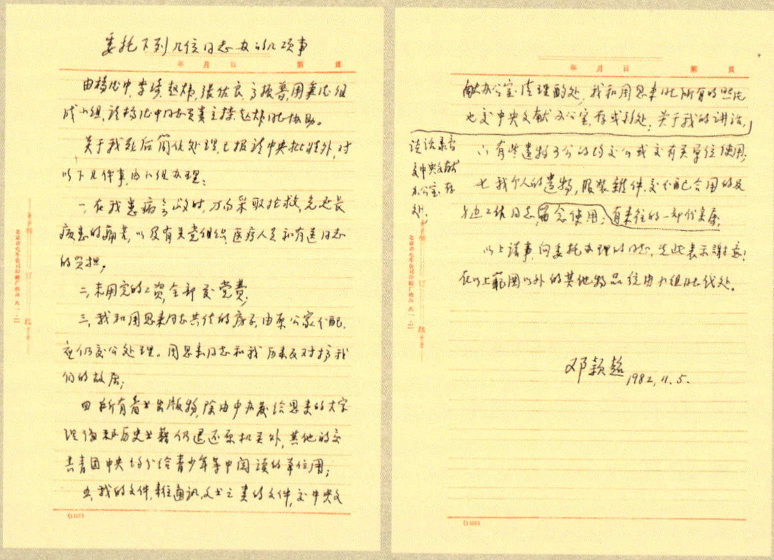

1982年11月5日，邓颖超写的"委托下列几位同志办的几项事"

情长纸短　吻你万千

导和同志们,勿以因周恩来同志的关系,或以对周恩来同志的感情出发,而不依据组织原则和组织纪律给予照顾安排。这是周恩来同志生前一贯执行的。我也坚决支持的。"这是她的第一份遗嘱。

1982年11月5日,邓颖超在"委托下列几位同志办的几项事"中,将自己的后事和遗物再次作了安排。为了不给组织和同志们带来麻烦,她事事都处理得妥妥当当。

这两份遗嘱体现了邓颖超的生死观。与周恩来一样,邓颖超心胸豁达,对生死问题看得很透彻,他们都认为,活着时为人民服务,临死时也得为人民着想。一个人的生老病死,是自然规律,把生死问题看透了,用乐观主义态度对待,就会把个人的后事看得很淡泊。他们是这样说的,更是这样做的。他们都要求遗体火化,骨灰撒掉,邓颖超坚持用周恩来用过的骨灰盒,要求撒骨灰的时候越简单越好,不要兴师动众,反对铺张浪费。

1991年7月底,邓颖超重病住院,身体状况每况愈下,仍然关心着党的事业。她坚持听广播,请工作人员给她读文件,读报纸。她牵挂着改革开放事业的进程,惦记着为国家建设作出贡献的人们。在生命弥留的最后一刻,邓颖超和周恩来一样，依然惦念着、关怀着身边的每一个人，唯独没有考虑自己。她坚信，活一天，就要为革命事业奋斗一天！

  1992年7月11日，邓颖超逝世。7月17日，她的遗体被送往八宝山火化。同当年送别周恩来的情景一样，从北京医院到八宝山，长街上站满了送别的人。从早上9点到下午5点，几十万群众汇聚到八宝山告别室，只为了和邓颖超见最后一面。

  7月18日，邓颖超的骨灰盛放在周恩来曾经用过的那个骨灰盒中运往天津。把骨灰撒入海河，是邓颖超的遗愿。天津在周恩来和邓颖超的心目中有着非常重要的地位。邓颖超的童年和少年时代在这

撒放邓颖超骨灰的"新海门"号船舶

座城市度过；在这里，他们走上革命道路；在这里，他们与自己携手一生的爱人相识相知。他们都把天津视为自己的第二故乡。周恩来的部分骨灰也已经撒入了海河入海口。

当灵车进入天津时，群众已经早早地守候在街道两旁，他们佩戴着白花，手举着横幅，哭喊着邓颖超的名字，就是为了要送她最后一程。

12时15分，随着"新海门"号的汽笛长鸣，海河上所有的轮船都拉响了汽笛，和着鲜艳的月季花瓣，赵炜和高振普将邓颖超的骨灰撒向海河，人们悲伤的泪水也伴着骨灰一滴滴融入了滔滔河水，奔向了浩瀚的大海。

周恩来和邓颖超用自己的言行，让我们看到了共产党人的伟大胸怀、对党和人民的无私奉献、对革命事业的无限忠诚。他们也将对彼此的深情践行到了生命的最后时刻。此情，悠扬缠绵，感天动地。在渤海之滨的天津，他们相依相伴，长眠在祖国的锦绣山河，也活在人民的心中。

附：从西花厅海棠花忆起

邓颖超

春天到了，百花竞放，西花厅的海棠花又盛开了。看花的主人已经走了，走了十二年了，离开了我们，他不再回来了。

你不是喜爱海棠花吗？解放初期你偶然看到这个海棠花盛开的院落，就爱上了海棠花，也就爱上了这个院落，选定这个院落，到这个盛开着海棠花的院落来居住。你住了整整二十六年，我比你住得

邓颖超在西花厅海棠树前的留影

还长,到现在已经是三十八年了。

　　海棠花现在依旧开得鲜艳,开得漂亮,招人喜爱。它结的果实味美,又甜又酸,开白花的结红海棠,开红花的结黄海棠,果实累累,挂满枝头,真像花果山。秋后在海棠成熟的时候,大家就把它摘下来吃,有的把它做成果子酱,吃起来非常可口。你在的时候,海棠花开,你白天常常在繁忙的工作之中,抽几分钟散步观赏;夜间你工作劳累了,有时散步站在甬道旁的海棠树前,总是抬着头看了又看,从它那里得到一些花的美色和花的芬芳，得以稍稍休息，然后又去继续工作。你散步的时候，有时约我一起，有时和你身边工作的同志们一起。你看花的背影，仿佛就在昨天，就在我的眼前。我们在并肩欣赏我们共同喜爱的海棠花，但不是昨天，而是在十二年以前。十二年已经过去了，这十二年本来是短暂的，但是，偶尔我感到是漫长漫长的。

　　海棠花开的时候，叫人那么喜爱，但是花落的时候，它又是静悄悄的，花瓣落满地。有人说，落花比开花更好看。龚自珍在《己亥杂诗》里说："落红不是无情物，化作春泥更护花。"你喜欢海棠花，我也喜欢海棠花。你在参加日内瓦会议的时候，我们家里的海棠花正在盛开，因为你不能看到那年盛开着的美好的花朵，我就特意地剪了一枝，把它压在书本里头，经过鸿雁带到日内瓦给你。我想你在那样繁忙的工作中间，看一眼海棠花，可能使你有些回味和得以休息，这样也是一种享受。

　　你不在了，可是每到海棠花开放的时候，常常有爱花的人来看花。在花下树前，大家一边赏花，一边缅怀你，想念你，仿佛你仍在我们中间。你离开了这个院落，离开它们，离开我们，你不会再来。你到哪里去了啊？我认为你一定随着春天温暖的

456　　情长纸短　吻你万千

风,又踏着严寒冬天的雪,你经过春风的吹送和踏雪的足迹,已经深入到祖国的高山、平原,也飘进了黄河、长江,经过黄河、长江的运移,你进入了无边无际的海洋。你,不仅是为我们的国家,为我们国家的人民服务,而且你为全人类的进步事业,为世界的和平,一直在那里跟人民并肩战斗。

当你告别人间的时候,我了解你。你是忧党、忧国、忧民,把满腹忧恨埋藏在你的心里,跟你一起走了。但是,你没有想到,人民的力量,人民的觉醒,我们党的中坚优秀领导人,很快就一举粉碎了"四人帮"。"四人帮"粉碎之后,祖国的今天,正在开着改革开放之花,越开越好、越大、越茁壮,正在结着丰硕的果实,使我们的国家繁荣昌盛,给我们的人民带来幸福。

曾记否?遥想当年,我们之间经过鸿雁传书,我们之间的鸿雁飞过欧亚大陆,越过了海洋,从名城巴黎,到渤海之滨的天津。感谢"绿衣使者"把书信送到我们的手里。有一次,我突然接到你寄给我的印有李卜克内西和卢森堡像的明信片,你在明信片上写了"希望我们两个人,将来也像他们两个人那样,一同上断头台"这样英勇的革命的誓言。那时我们都加入了无产阶级先锋队的行列。宣誓的

余暇漫步中

时候,我们都下定决心,愿为革命而死,洒热血、抛头颅,在所不惜。我们之间的书信,可以说是情书,也可以说不是情书,我们信里谈的是革命,是相互的共勉。我们的爱情总是和革命交织在一起,因此,我们革命几十年,出生入死,艰险困苦,患难与共,悲喜分担,有时战斗在一起,有时分散两地,无畏无私。在我们的革命生涯里,总是坚定地、泰然地、沉着地奋斗下去。我们的爱情,经历了几十年也没有任何消减。

革命的前进,建设的发展,将是无限光明的、美好的。一百多年来,特别是中国共产党成立以后,我们无数的英雄儿女和爱国革命志士,为了挽救祖国,建设新中国,被敌人的屠刀、枪弹杀害。他们的忠骨埋在祖国一处处青山下,他们的鲜血染红了祖国的大地山河。在我们党的鲜艳的镰刀斧头红旗上,在我们的五星国旗上,有他们血染的风采。无数的战士倒下了,我们这些幸存者,为继承他们没有完成的事业,双肩上的任务很重很重。恩来同志,有外宾问你,你哪里来的这么充沛的精力去工作?你说:一想到我们死去的那些烈士,我们亲密的战友们,就有使不完的劲,要加倍地努力工作,全心全意地为人民服务。这也激励着我,使我无限振奋。

我要老骥伏枥,志在千里,烈士暮年,壮心不已,把我有生的余力和余热,更好地为人民多服一点务。

　　你和我原不相识,姓名不知。一九一九年,在我国掀起了五四爱国运动,反帝、反封建、反卖国贼,要救亡图存。这是以学生为中心的包括工农商的举国上下的最广泛的一次伟大爱国运动,反对签订凡尔赛和约。就在这次运动高潮中,我们相见,彼此都有印象,是很淡淡的。在运动中,我们这批比较进步的学生,组织了"觉悟社"。这时候,我们接触得比较多一点。但是,我们那时都要做带头人。我们"觉悟社"相约,在整个运动时期,不谈恋爱,更谈不到结婚了。那个时候,我听说你主张独身主义,我还有个天真的想法,觉得我们这批朋友能帮助你实现你的愿望。我是站在这样一种立场上对待你的。而我那时对婚姻抱着一种悲观厌恶的想法:在那个年代,一个妇女结了婚,一生就完了。所以在我上学的时候,路上遇到结婚的花轿,觉得这个妇女完了,当时就没有考虑结婚的问题。这样,我们彼此之间,都是非常自然的,没有任何别的目的,只是为着我们共同的斗争,发扬爱国主义,追求新思潮,追求进步。就是这样的,没有任何个人的意思,没有任何个人目的的交往,发展起来。我

1955年，周恩来、邓颖超在北京中山公园散步时，和孩子们在一起

们建立起来的友情，是非常纯正的。我不曾想到，在我们分别后，在欧亚两个大陆上，在通信之间，我们增进了了解，增进了感情，特别是我们都建立了共同的革命理想，要为共产主义奋斗。三年过去，虽然你寄给我的信比过去来的勤了，信里的语意，我满没有在心，一直到你在来信中，把你对我的要求明确地提出来，从友谊发展到相爱，这时我在意了，考虑了。经过考虑，于是我们就定约了。但是，我们定约后的通信，还是以革命的活动、彼此的学习、革命的道理、今后的事业为主要内容，找不出我爱你、你爱我的字眼。你加入了党，我加入了共产主义青年团，我们遵守党的秘密，互相没有通报。我们的思想受了国际、国内新思潮的影响，我们彼此走上了共同的道路，这使我们的感情不只是个人的相爱，而是上升到为革命、为理想共同奋斗，这是我们能够相爱的最可靠的基础；而且，我们一直是坚持把革命的利益、国家的利益、党的利益放在第一位，而把个人的事情、个人的利益放在第二位。我们在革命征途上是坚定的，不屈不挠的，不管遇到任何艰难险阻，都是勇往直前地去奋斗，不计个人的得失，不计个人的流血牺牲，不计夫妇的分离。

　　我们是经过这三年时间，有选择地确定了我们

的相爱关系。又经历了三年的考验,一直等到党中央调你回国,才在我们两地党的组织的同意下,我从天津到广州,于一九二五年的八月结婚了。当时我们要求民主,要求革新,要求革命,对旧社会一切的封建束缚、一切旧风习,都要彻底消除。我们那时没有可以登记的地方,也不需要什么证婚人、介绍人,更没有讲排场、讲阔气,我们就很简单地,没有举行什么仪式,住在一起。在革命之花开放的时候,我们的爱情之花并开了。

你的侄辈让你讲你我的恋爱故事,你曾说,就是看到我能坚持革命。我也看到你这一点。所以,我们之间谁也没有计较谁的相貌,计较性格有什么差异,为共产主义的理想奋斗,这是最可靠的长期的相爱的基石和保证。我与你是萍水相逢,不是一见倾心,更不是恋爱至上。我们是经过无意的发展,两地相互通信的了解,到有意的、经过考验的结婚,又经过几十年的战斗,结成这样一种战友的、伴侣的、相爱始终的、共同生活的夫妇。把我们的相爱融化在人民中间,融化在同志之间,融化在朋友之间,融化在青年儿童一代。因此,我们的爱情生活不是简单的,不是为爱情而爱情,我们的爱情是深长的,是永恒的。我们从来没有感觉彼此有什么隔阔。我们是根据我们的革命事业、我们的共同理想相爱的，以后又发现我们有许多相同的爱好，这也是我们生活协调、内容活跃的一个条件。

每当我遥想过去，浮想联翩，好像又回到我们的青年时代，并肩战斗的生活中去，心潮澎湃，久久不能平静。我现在老了，但是我要人老心红，志更坚，生命不息，战斗不止，努力为人民服务。

同志、战友、伴侣，听了这些你会含笑九泉的。

我写的这一篇，既不是诗，又不是散文，就作为一篇纪念战友、伴侣的偶作和随想吧。

（本文写于1988年4月，原载于《人民日报》1997年3月5日第8版）

邓颖超身边工作人员赵炜、高振普的说明：

　　这是1988年4月，正值中南海西花厅海棠花盛开之际，邓颖超同志观花后三次口述，由我们记录下来的。整理好后，她看过。当时本想在适当的时候发表，但她没有想好在什么时间发表为好，就放下来了。邓颖超同志当时对我们说："现在不发表。如果有一天我也走了，喜欢海棠花的主人都走了，你们认为可以发表就发表，作为我的遗作，是对恩来的回忆和缅怀。否则，就烧掉。"

　　我们过去读过，今天要发表时又读过。1988年邓颖超同志已84岁了，能够在迟暮之年以如此心情叙述出昔日美好的真挚的感情，使我们看到他们的远大革命理想和坚定的信念。

　　这篇文章虽然是邓颖超同志的遗作，在周恩来同志离开我们21年、邓颖超同志离开我们快5年的时候，把它发表出来，也是我们对他们的纪念与缅怀。

1997年1月20日